ULRICH ZIEGENBEIN

Die Unterscheidung von Real
und Personal Actions im Common Law

Schriften zum Prozessrecht

Band 23

Die Unterscheidung von Real und Personal Actions im Common Law

Von

Dr. Ulrich Ziegenbein

DUNCKER & HUMBLOT / BERLIN

Alle Rechte vorbehalten
© 1971 Duncker & Humblot, Berlin 41
Gedruckt 1971 bei Alb. Sayffaerth, Berlin 61
Printed in Germany
ISBN 3 428 02490 7

Vorwort

Diese Arbeit lag der Rechts- und Staatswissenschaftlichen Fakultät der Christian-Albrechts-Universität Kiel im Wintersemester 1968/69 als Dissertation vor. Die seither erschienene Literatur habe ich, soweit sie mir zugänglich war, berücksichtigt.

Die Anfertigung der Arbeit ist wesentlich erleichtert worden durch die Kenntnisse, die ich während des Studienjahres 1965/66 an der Indiana University in Bloomington/USA erworben habe. Der Fulbright Kommission, der Indiana University und dem Land Schleswig-Holstein bin ich für die finanzielle Hilfe, durch die sie mir das Auslandsstudium und die Drucklegung dieser Arbeit ermöglicht haben, sehr dankbar.

Dank schulde ich weiterhin Herrn Professor Dr. A. Söllner für seine den römischrechtlichen Teil der Arbeit betreffenden Ratschläge sowie den Professoren A. K. R. Kiralfy und S. F. C. Milsom für ihre Unterstützung, die sie mir während eines zweimonatigen Studienaufenthaltes im Sommer 1968 in London gewährt haben. Mein besonderer Dank aber gilt Herrn Professor Dr. Dr. Eugen D. Graue, der die Dissertation angeregt und betreut hat, für seine stets freundliche Förderung.

Kiel, im Februar 1970

Ulrich Ziegenbein

Inhaltsverzeichnis

Einleitung   13

Erstes Kapitel

Der Weg der Klageeinteilung in das englische Recht   17

I. Der Hintergrund: Römisches Recht im mittelalterlichen common law S. 17 — II. Die Rechtsbücher Glanvills und Bractons S. 18

Zweites Kapitel

Actio in rem und actio in personam im römischen Recht   24

A. Klassisches Recht 24
    I. Grundsatz der Unterscheidung und Beispiele S. 24 — II. Widerspiegelung des Grundsatzes S. 25; 1. in der Fassung der intentio S. 25; 2. in den Folgen der Einlassungsverweigerung S. 26 — III. Angleichung der Klagegruppen S. 28; 1. im Hinblick auf die Ladung S. 28; 2. als Folge der Litiskontestation S. 28; 3. bezüglich der Klagekonsumption S. 30; 4. in dem Sonderfall der actio in rem per sponsionem S. 31

B. Vulgarrecht 31

C. Justinianisches Recht 33
    I. Grundsatz wie im klassischen Recht S. 33 — II. Abweichungen S. 33; 1. Folgen der Einlassungsverweigerung S. 33; 2. Abkehr vom Prinzip der Geldverurteilung S. 43

Drittes Kapitel

Actio in rem und actio in personam in Bractons Traktat   35

I. Bractons Material: Die Verfahren vor der curia regis S. 35; 1. original writs S. 35; 2. querelae S. 36; 3. appeals und indictments S. 37 — II. Fragestellung und Literaturübersicht S. 38 — III. Das Problem der maßgeblichen Fassung des Rechtsbuches S. 40 — IV. Beispiele von actiones in rem und in personam S. 42 — V. Der Klagegrund als Kriterium S. 46; 1. materiellrechtliche Institute des römischen Rechts und das common law des Mittelalters S. 46; 2. Widersprüche bei der Anwendung des Kriteriums S. 49 — VI. Das Klageziel als Kriterium S. 50; 1. Prüfung des Kriteriums S. 51; 2. Parallele zum nachklassischen Recht S. 56 — VII. Der mesne process als Kriterium S. 57; 1. Arten des mesne process S. 57; 2. Parallele zum römischen Indefensionsverfahren S. 60; 3. Kritik der Auffassung Maitlands S. 62 — VIII. Zusammenfassung S. 63

Viertes Kapitel

Die Entwicklung der Klageeinteilung bis Blackstone   66

I. Das Klageziel als Kriterium S. 66; 1. real actions: Naturalrestitution S. 69; 2. personal actions: Geld S. 69 — II. Der Klagegrund als Kriterium S. 73; 1. personal actions: contract oder tort S. 73; 2. real actions: seisin of a freehold S. 75; a) freehold tenure S. 75; b) freehold estate S. 76; c) copyhold S. 77; 3. ejectment und convenant real S. 77 — III. Der mesne process als Kriterium S. 80; 1. real actions S. 80; 2. personal actions S. 80

Fünftes Kapitel

Das Ende der Klageeinteilung und ihre Nachwirkungen auf das geltende Recht   82

I. Die Reformgesetze des 19. und 20. Jahrhunderts (Daten) S. 82 — II. Die Tragweite und Bedeutung der Reformen S. 84; 1. Die Lage vor dem 19. Jahrhundert S. 86; 2. Die Auswirkungen der Reformen S. 88; a) auf die verfahrensrechtliche Seite der Klageformeln S. 88; b) auf die materiellrechtliche Seite der Klageformeln S. 90 — III. Der Zusammenhang zwischen der Klageeinteilung und der Unterscheidung real und personal property S. 93 — IV. Die Folgen der Verknüpfung der personal actions mit den Rechtsinstituten contract oder tort S. 98; 1. für die Entwicklung des law of restitution S. 98; 2. für die Entwicklung der Haftungstatbestände deceit und negligence S. 100; 3. für die Ausgestaltung des Besitzschutzes (im Vergleich zum deutschen Recht) S. 100; a) Klassifikation S. 101; b) inhaltliche Ausformung S. 103 — V. Zusammenfassung S. 105

Literaturverzeichnis   107

Verzeichnis der Entscheidungen   117

Abkürzungen

A. C.	= The Law Reports, Appeal Cases, seit 1891
All E. R.	= The All England Law Reports, seit 1936
A(s.) A(s.)	= Aulus Agerius (Blankettname für den Kläger in den Klageformeln des Edikts)
Azo, S. Cod.	= Azo, Summa Codicis
Azo, S. Inst.	= Azo, Summa Institutionum
Burrow	= Burrow, English King's Bench Reports, 1756—71
C.	= Codex Iustinianus
c. c.	= code civil
c., chapt.	= chapter
C. A.	= Court of Appeal
Cambridge L. J.	= The Cambridge Law Journal, London
cap.	= capitulum
Ch.	= The Law Reports, Chancery Division, seit 1891
Char.	= Charles
Co. Litt.	= Coke on Littleton
Coke Rep.	= Coke, English King's Bench Reports, 1572—1616
Columbia L. R.	= Columbia Law Review, New York
CT	= Codex Theodosianus
D.	= Digesta
ed.	= edidit; edition, editor, edited; Edition
edd.	= ediderunt
Edw.	= Edward
Eliz.	= Elizabeth
Ex. Div.	= The Law Reports, Exchequer Division, 1875—80
fol.	= folio
Gai. (wo keine weitere Fundstelle angegeben)	= Gai institutionum comm. IV
Geo.	= George
Harv. L. R.	= Harvard Law Review, Cambridge, Mass.
Henr.	= Henry
H. L.	= House of Lords
Holdsworth, H. E. L.	= Holdsworth, History of English Law
Inst.	= Institutiones
Int. & Comp. L. Q.	= The International and Comparative Law Quarterly, London
Iowa L. R.	= Iowa Law Review, Iowa City
IP	= Interpretatio zu PS

itp.	=	interpoliert
J.	=	Justice
J. C.	=	Judicial Committee of the Privy Council
JZ	=	Juristenzeitung, Tübingen
Kaser, RP	=	Kaser, Das Römische Privatrecht
Kaser, ZP	=	Kaser, Das Römische Zivilprozeßrecht
K. B.	=	The Law Reports, King's Bench Division, 1901—1952; King's Bench Division
Keble	=	Keble, English King's Bench Reports, 1661—79
L. Ch.	=	Lord High Chancellor
Ld. Raym.	=	Lord Raymond, English King's Bench Reports, 1694—1734
Lenel, EP	=	Lenel, Das Edictum perpetuum
lib., Lib.	=	liber
L. J.	=	Lord Justice
L. Q. R.	=	The Law Quarterly Review, London
Modern L. R.	=	The Modern Law Review, London
N. E.	=	Northeastern Reporter, National Reporter System
N(s.) N(s.)	=	Numerius Negidius (Blankettname für den Beklagten in den Klageformeln des Edikts)
Nov.	=	Novellae
N. Y.	=	New York Court of Appeals Reports
N. Y. Univ. L. Q. R.	=	New York University Law Quarterly Review, New York
p., pp.	=	page, pages
P. C.	=	Privy Council
pr.	=	principium
PS	=	Pauli sententiae
Q. B.	=	The Law Reports Queen's Bench Division, 1891—1901, seit 1952
RabelsZ	=	Zeitschrift für ausländisches und internationales Privatrecht, begründet von Rabel, Berlin/Tübingen
reiss.	=	reissued
repr.	=	reprint, reprinted
rev.	=	revised
sec., ss.	=	section, sections
St. Louis Univ. L. J.	=	Saint Louis University Law Journal, St. Louis
SZ	=	Zeitschrift der Savigny-Stiftung für Rechtsgeschichte, Romanistische Abteilung, Weimar
T. L. R.	=	The Times Law Reports, 1884—1950
Tulane L. R.	=	Tulane Law Review, New Orleans, Louis.
Univ. Toronto L. J.	=	The University of Toronto Law Journal, Toronto
U. S. C. A.	=	Code of the Laws of the United States of America, Annotated.

v.	=	versus
Vent.	=	Ventris, English Common Pleas Reports, 1668—91
Vict.	=	Victoria
vol.	=	volumen (-ina); volume(s)
Will.	=	William
W. Jones	=	Sir William Jones, English King's Bench Reports, 1620—40
W. L. R.	=	The Weekly Law Reports
Y. B.	=	Year Book
Yale L. J.	=	Yale Law Journal, New Haven
ZRG ... Germ. Abt.	=	Zeitschrift der Savigny-Stiftung für Rechtsgeschichte, Germanistische Abteilung, Weimar

Einleitung

Keine moderne Rechtsordnung kann auf ein sorgfältig durchkonstruiertes System abstrakter Begriffe verzichten. Begriffe dienen dazu, die unübersehbare und ungeordnete Fülle rechtlicher Verhaltensnormen in systematischer Form darzustellen; sie geben dem einzelnen, auch dem Richter, bei der Suche nach der Lösung eines konkreten Rechtsfalls einen methodischen Ansatzpunkt in die Hand, und sie bilden als Werkzeuge des Geistes die Voraussetzung für eine fortschreitende gedankliche Durchdringung und Verfeinerung des Rechts. Um dieser Aufgabe gerecht werden zu können und das Anbahnen von Mißverständnissen und Irrwegen zu vermeiden, muß jeder Begriff, so verlangt Kraft[1], auf eine einzige, auch im Grenzbereich sichtbar abgesteckte und einen klar durchdachten Sachverhalt wiedergebende Bedeutung festgelegt sein. Zumindest in einer Beziehung kann das Gegensatzpaar in rem — in personam (real — personal) im angloamerikanischen Recht die aufgestellten Bedingungen nicht erfüllen. Statt nur *einen* Sinngehalt zu symbolisieren, findet es in vielfältigen Zusammenhängen Anwendung, und zwar ohne Konstanz der mit ihm verbundenen Vorstellung. Die Ausdrücke in rem — in personam bedeuten nicht stets das gleiche, wenn sie zur Einteilung von rights, actions (proceedings), jurisdictions, judgments und zur Bezeichnung unterschiedlicher Vollstreckungsverfahren (enforcement procedures) herangezogen werden.

Rights in rem, in personam werden nach dem Adressatenkreis als

gegen jedermann (against all the world) bzw. als

gegen eine bestimmte Person oder einen bestimmbaren Personenkreis gerichtete Rechte[2],

nach dem Objekt als

Herrschaftsrechte an Sachen bzw. als

Rechte an der Leistungshandlung des Schuldners[3],

---

[1] Erkenntnislehre, S. 45 ff.

[2] So etwa *Austin*, Lectures on Jurisprudence or the Philosophy of Positive Law I 46 ff., 369 ff.; II 930 ff.; *Markby*, Elements of Law 96 f.; *Salmond*, Jurisprudence 284 ff. Für den gleichen Sachverhalt zieht *Hohfeld*, Fundamental Legal Conceptions as Applied in Judicial Reasoning 65 ff. (72) die Begriffe paucital — multital rights vor.

[3] *Leake*, Law of Property in Land 1 f.; *Beale*, A Treatise on the Conflict of Laws I 67 f.

nach dem Inhalt des Rechtsschutzersuchens als
auf Naturalherstellung bzw.
auf Geld gehende Ansprüche⁴

sowie der Art der Sanktionierung (enforcement) nach als
unmittelbar in das Vermögen des unterlegenen Gegners vollstreckbare bzw. als
nur mittelbar, durch Zwangsandrohung gegen die Person des Urteilsschuldners durchsetzbare Ansprüche⁵

definiert. Die Termini real, personal rights decken sich oft mit ihnen; zuweilen aber hebt der Begriff real rights diejenigen rights in rem hervor, die sich auf einen körperlichen Gegenstand beziehen⁶, während ‚personal rights' häufig auch als Persönlichkeitsrechte (z. B. Leben, Ehre, Ruf) den ‚proprietary rights' (= das Vermögen betreffende, geldwerte Rechte in rem *und* in personam) gegenübergestellt sind⁷.

Mit der Klassifikation rights in rem, in personam (real, personal rights) geht die Einteilung *actions* (proceedings), *jurisdictions* und *judgments* in rem, in personam gewöhnlich⁸ nicht parallel. Von actions in rem im engeren, reinen Sinne sprechen angloamerikanische Juristen im Rahmen des Seerechts, des law of admiralty. Ihre Eigenart sah man ursprünglich darin, daß sie sich statt gegen eine Person direkt gegen ein Schiff oder dessen Ladung als Beklagten richteten. Das Schiff wurde geradezu personifiziert, als schuldiges Wesen betrachtet, mit Rechts-, Geschäfts- und Deliktsfähigkeit ausgestattet. In Wahrheit stand und steht hinter der inzwischen längst als solcher erkannten Fiktion die Ermächtigung an den Gläubiger, mittels des Verfahrens in rem unverzüglich auf das Schiff samt Ladung als Haftungssubstrat Zugriff nehmen zu können, ohne erst, wie bei den actions in personam, den abwesenden, u. U. schwer erreichbaren Eigner vor Gericht laden zu müssen. Die Gerichtsgewalt (jurisdiction in rem) wird gegen das Schiff selbst ausgeübt, das sich daher im Zuständigkeitsbereich des Seegerichts befinden muß. Das Urteil (judgment in rem) entscheidet

---

⁴ Z. B. *Ames*, 3 Harv. L. R. 25, 29, 30 f., 34: „(A) right in rem, if analyzed, means a right to recover possession by reception or action."

⁵ In diesem Sinn waren bis zu den Verfahrensreformen des letzten Jahrhunderts (dazu unten S. 82) sämtliche nach common law bestehenden Rechte rights in rem, sämtliche von den equity Gerichten geschützten Rechte rights in personam. Die jeweiligen Verfahren, die der Durchsetzung dieser Rechte dienten, hießen entsprechend actions in rem, in personam, die Urteile jugdments in rem, in personam, die Vollstreckung enforcement in rem, in personam; vgl. etwa *Ames*, Lectures on Legal History 76; ferner *Hohfeld* 102 ff.

⁶ Z. B. *Markby* 97 Fußn. 1

⁷ Z. B. *Salmond*, Jurisprudence 289 ff.; *Phillips*, A First Book of English Law 233 f.

⁸ Vgl. aber oben Fußn. 5.

nicht allein über die Eigentumslage an dem Schiff, sondern wirkt auch hinsichtlich der in ihm enthaltenen tatsächlichen Feststellungen in einem späteren Streit des ehemaligen Eigners mit der Versicherungsgesellschaft oder anderen Drittpersonen präjudiziell[9].

Eine abweichende Bedeutung haben die Begriffe action in rem, in personam in den Zivilprozeßrechten der Vereinigten Staaten inne. Hier bestimmen gemeinhin drei Merkmale die Eigenart der actions in rem: sie befassen sich damit, das rechtliche Schicksal einer bestimmten Sache (auch Order- und Inhaberpapiere, Aktien, Forderungen etc.) oder den Status einer Person ein für allemal festzulegen; zur Begründung der Gerichtsgewalt (jurisdiction in rem) genügt bei ihnen, neben der Belegenheit der Sache bzw., bei Statusklagen, dem Domizil des Klägers in dem Staat des Urteilsgerichts, eine nur fingierte Zustellung (constructive service of process) an den außerhalb des Staates wohnenden Beklagten; sie führen zu einem Urteil, das nicht nur die unmittelbar beteiligten Parteien bindet, sondern auch in dem durch die Reichweite der jurisdiction in rem abgesteckten Rahmen Geltung gegen Dritte beansprucht (sog. judgment in rem). Personal actions hingegen sind solche Verfahren, die nach einem zählebigen, wenn auch in den letzten Jahrzehnten mehrfach durchbrochenen Grundsatz Zustellung zu eigenen Händen des Gegners (personal service of process) voraussetzen, die einen persönlichen Anspruch des Klägers zum Gegenstand haben und in einem Urteil enden, das das gesamte Vermögen des Gegners als Haftungssubstrat für die Urteilsschuld ergreift und eine Bindungswirkung nur zwischen den Parteien erzeugt (judgment in personam)[10].

Der Sprachgebrauch in England stimmt damit nicht völlig überein. Die Bezeichnung action in rem tragen lediglich die unmittelbar gegen das Schiff gerichteten Klagen vor den Admiralitätsgerichten, während alle übrigen Verfahren actions in personam heißen und als solche eine persönliche Zustellung der Ladung an den in England oder Wales anwesenden Beklagten erfordern, es sei denn, einer der Fälle der Rules of the Supreme Court, Order 11, Rule 1 griffe ein, in denen die Zustellung an den sich im Ausland aufhaltenden Beklagten gestattet und für ausreichend erachtet wird. Zu judgments in rem, die gegenüber jedermann Wirkungskraft entfalten, führen neben den actions in rem des law of

---

[9] Näheres bei *Gilmore / Black*, The Law of Admiralty 31, 483 ff., 509; *McGuffie / Fugeman / Gray*, Admiralty Practice (British Shipping Laws, vol. 1) 7 ff. und passim; *Dicey / Morris*, The Conflict of Laws, 7th ed. 213 ff.; 8th ed. 214 ff.; *Peterson*, Die Anerkennung ausländischer Urteile im amerikanischen Recht 34 ff.; *Holmes*, The Common Law 26 ff.; *Graveson*, The Conflict of Laws 95.
[10] Ausführlich *Ehrenzweig*, A Treatise on the Conflict of Laws 79 ff., 88 ff.; ferner *Millar*, Civil Procedure of the Trial Court in Historical Perspective 377 ff.; *Peterson* 40 ff.

admiralty auch bestimmte actions in personam, z. B. die Verfahren auf Besitz- oder Eigentumsübertragung, auf Auflösung einer Gesellschaft, auf Ehescheidung und andere Statusveränderungen, auf Verteilung von Erbschaften und Konkursmassen[11].

Zum erstenmal in der englischen Rechtsgeschichte — und wiederum in einer unterschiedlichen Bedeutung — taucht das Begriffspaar in rem, in personam (real, personal) im Zusammenhang mit dem System der mittelalterlichen Klageformeln (forms of action) auf, dessen Grundstein Heinrich II. in der zweiten Hälfte des zwölften Jahrhunderts legte. Dem Schicksal der Klassifikation dieser Klageformeln, das, wie wir sehen werden, eng mit der Geschichte der beiden Vermögensgattungen real und personal property verwoben ist, sei die vorliegende Arbeit gewidmet. Zu Beginn der Untersuchung wollen wir den Weg der aus dem römischen Recht übernommenen Klageeinteilung in das entstehende common law verfolgen (1. Kapitel); anschließend seien die Vorstellungen, die mit ihr im römischen Recht (2. Kapitel), in Bractons Rechtsbuch (3. Kapitel) und im englischen Recht bis zur Zeit Blackstones (4. Kapitel) verbunden wurden, erörtert und endlich, im 5. Kapitel, wird auf das Erbe eingegangen, das sie, nach der grundsätzlichen Abschaffung des Formelwesens im Laufe des 19. und 20. Jahrhunderts, im geltenden Recht Englands und der Vereinigten Staaten hinterlassen hat.

---

[11] Näheres bei *Dicey / Morris* 169, 992 ff.; *Cheshire*, Private International Law 77 ff., 558 ff.; *Graveson*, The Conflict of Laws 93 ff.

Erstes Kapitel

Der Weg der Klageeinteilung in das englische Recht

Das dem römischen Recht entlehnte Begriffspaar real—personal action (lat. actio in rem — in personam) fand im hohen Mittelalter seinen Eingang in das common law.

I. Bei der Übernahme handelte es sich keineswegs um eine zufällige Einzelerscheinung. Denn seit langem waren römische Rechtsvorstellungen, die bis in die Gegenwart nachwirken sollten, auf die englische Insel vorgedrungen. Im Unterschied zu dem gegenüberliegenden Festland, wo fränkische Gesetze, Kapitularien und Privaturkunden seit dem fünften Jahrhundert Gedanken aus dem spätklassischen Vulgarrecht in sich aufgenommen hatten[1], trotzte das Inselreich unter dem Regiment der angelsächsischen und dänischen Könige dem fremden Recht zwar jahrhundertelang weithin erfolgreich[2]. Doch mit der Besetzung Englands durch den Normannenherzog Wilhelm (Schlacht bei Hastings, 1066) trat eine ebenso unvermittelte wie bedeutsame Wende ein. Die Normannen, die ihrerseits die von römischrechtlichen Bestandteilen durchwirkte Rechtsordnung der Karolinger assimiliert hatten[3] und die in einem regen geistigen Austausch mit dem italienischen Kulturkreis standen, trugen in reicher Anzahl römisch-kanonistische Rechtsgedanken in die Kanzlei der Könige sowie vor die Gerichte, vor die miteingeführten geistlichen Tribunale mehr als die weltlichen. Um die Förderung der römischen Rechtswissenschaft in den neu erworbenen Gebieten machte sich in der ersten Zeit nach der Besetzung namentlich der Erzbischof von Canterbury und Kanzler Wilhelms I. (des Eroberers),

---

[1] Vgl. *J. Gaudemet*, Tijdschrift voor Rechtsgeschiedenis XXIII (1955), 149 ff., wo die fränkischen Quellen ausführlich besprochen sind.

[2] Vgl. auch zum folgenden *Pollock / Maitland*, The History of English Law before the Time of Edward I, vol. I, XXXI ff.; 117 ff.; 131 ff.; *Holdsworth*, A History of English Law II 7 ff.; 117, 145 ff.; 202 ff.; 267 ff.; *Senior*, L. Q. R. 46 (1930) 191, 192 ff.; *Plucknett*, 3 Toronto L. J. (1939/40) 24 ff.; ders., A Concise History of the Common Law 297 f.; *van Caenegem*, Royal Writs in England from the Conquest to Glanvill. Studies in the Early History of Common Law 360 ff.; *Post*, Studies in Medieval Legal Thought 184 ff.

[3] Zu der Anknüpfung des normannischen Rechts an das fränkische, vor allem hinsichtlich der Gerichtsverfassung und des Prozeßrechts, vgl. *Brunner*, Entstehung der Schwurgerichte 127 ff., 146 ff., 162 ff.

Lanfranc, verdient, der in jungem Alter als Rechtslehrer an der Rechtsschule von Pavia, später als Mönch und Abt des berühmten Benediktinerklosters Bec in der Normandie gewirkt hat[4].

In der Zeit von 1100 bis 1250 schließlich, während der die Grundlagen des „gemeinen Rechts" Englands, des common law, gelegt wurden, und in der das römische Recht, neu belebt durch die Forschungen und Lehren der Glossatoren in Bologna, von Norditalien aus über Spanien und Südfrankreich seinen Jahrhunderte währenden Eroberungszug über das europäische Festland antrat, faßte die römische Rechtswissenschaft endgültig Fuß auf dem englischen Boden. In Oxford gründete der Legist Vacarius, von dem Erzbischof von Canterbury Theobald als rechtlicher Beistand aus Italien geholt, die erste Rechtsschule, an der er eine Zeitlang als Magister lehrte und mit dem Liber Pauperum eine auch für weniger bemittelte Studenten erschwingliche Kurzfassung des Corpus iuris civilis (hauptsächlich glossierte Auszüge aus dem Codex und den Digesten) anfertigte[5]. Er und seine Nachfolger (u. a. Thomas von Marlborough, Wilhelm von Drogheda) in Oxford, Exeter, Lincoln und weiteren, neu eingerichteten Unterrichtsstätten lösten den schnellen Aufschwung der Ausbildung geistlicher und weltlicher Juristen im römischen und kanonischen Recht aus. Abschriften und Bearbeitungen des Corpus iuris sowie andere, aus Italien eingeführte Rechtsliteratur fand allenthalben rasche Verbreitung[6]. Den königlichen Gerichten saßen, grundsätzlich, des kanonischen Rechts kundige Kleriker vor. Der Ausbau der kirchlichen Gerichtsbarkeit, deren Prozeßform dem kanonischen Muster folgte, erforderte einerseits die richterliche Mitwirkung einiger akademisch geschulter Kanonisten, die den straff geordneten Verfahrensgang ausreichend beherrschten, und führte andererseits dazu, daß sich ein größerer Personenkreis, der mit der weitgespannten bischöflichen Jurisdiktion (insbes. bezüglich Ehe- und Kindschaftsrecht)[7] in Berührung geriet, Grundkenntnisse der römisch-kanonistischen Rechtslehre aneignete.

II. Auch wenn der Einfluß des römischen Rechts auf das entstehende common law im Ergebnis weit hinter den Wirkungen, die es auf die einheimischen Rechtsordnungen vieler kontinentaler Länder aus-

---

[4] *Wigmore*, L. Q. R. 58 (1942) 61 ff.; *Holdsworth*, H. E. L. II 147; *Senior*, L. Q. R. 46 (1930) 199 ff.; *Keeton*, The Norman Conquest and the Common Law 48 ff..

[5] Über Vacarius vgl. *F. de Zulueta* (ed.), The Liber Pauperum of Vacarius XIII—XXIII; dazu *Kantorowicz*, SZ 49 (1929) 63 ff. und *Hazeltine*, L. Q. R. 44 (1928) 344 ff.; *Senior*, L. Q. R. 46 (1930) 203 ff.

[6] *Senior*, L. Q. R. 47 (1931) 337 ff.; *Pollock / Maitland* I 120; *van Caenegem* 365 ff.

[7] Übersicht bei *Pollock / Maitland* I 125 ff., vgl. ferner *Keeton* 59 ff. (65 bis 70).

1. Kap.: Der Weg der Klageeinteilung in das englische Recht 19

strahlte, zurückgeblieben ist[8], so bieten uns doch die überlieferten, in lateinischer Sprache abgefaßten Rechtsbücher ein Zeugnis dafür, daß englische Juristen im frühen und hohen Mittelalter mit dem römisch-kanonischen Gedankengut wohl vertraut waren.

Erwähnung verdient zunächst *Ranulf de Glanvill*, der zur Zeit Heinrichs II. (1154—1189) lebte und unter dessen Namen die erste klassische Aufzeichnung des englischen Rechts, der „Tractatus de legibus et consuetudinibus regni Angliae", bekannt geworden ist[9]. Die Sicherheit, mit der Glanvill, bzw. der wahre Autor des Traktats, die schwierigen, aus dem römisch-kanonischen Prozeßrecht übernommenen Begriffe „causa debendi" und „causa petendi" handhabt[10], weist deutlich darauf hin, wie gründlich er sich in der römischen und kanonischen Rechtswissenschaft ausgekannt haben muß[11].

In der kommentarartigen Klagensammlung, die die Reihe der richtungsweisenden „books of authority"[12] einleitete, behandelt der Verfasser fast ausschließlich das Verfahren vor den königlichen Gerichten. Mit ihrem Prozeßgang war Glanvill aufgrund seiner beruflichen Tätigkeit wohl vertraut: er übte das Amt des Chief Justitiar (lat. capitalis iustitiarius = Justizminister, oberster Richter) Heinrichs II. aus. Die Aufgabe der Rechtsprechung am Königshof in Westminster nahm ursprünglich, als sich die königliche Gerichtsgewalt, seit Anfang des zwölften Jahrhunderts, allmählich auszudehnen und die Macht der Grafschafts-(county), Hundertschafts-(hundred) und Lehnherrngerichte (feudal courts) zurückzudrängen begann, der Hofrat (curia regis) als allgemeines Regierungsorgan der Krone wahr. Aus ihm gingen später schrittweise, bis zu einem vorläufigen Abschluß unter Eduard I. (1272—1307), die selbständigen Gerichtshöfe des Court of Exchequer (zuständig für Finanzangelegenheiten), der Common Bench oder Common Pleas (zust. für Zivilstreitigkeiten unter Bürgern) und der King's Bench (zust. für Zivilsachen, die die Krone unmittelbar betreffen,

---

[8] *Pollock / Maitland* I 122, 134; *Vinogradoff*, Roman Law in Medieval Europe 97, 118; *Holdsworth*, H. E. L. IV 217 ff.; 292 f.; *Schwarz*, Das englische Recht und seine Quellen, bei *Heinsheimer* II 5 ff.; *Plucknett*, Univ. Toronto L. J. 3 (1939/40) 24 ff., (44, 47 ff.); *van Caenegem* 360 ff., 390; *Peter,* Römisches Recht und Englisches Recht 60 ff.

[9] Eine kurze, knapp kommentierte Zusammenfassung der über Glanvill und den Tractatus (neueste Ausgabe: G. D. G. Hall, London 1965) erschienenen Literatur — insbes. auch zur der Streitfrage, wer das herkömmlicherweise Glanvill zugeschriebene Werk tatsächlich verfaßt hat: Glanvill persönlich, sein Sekretär und Nachfolger, der spätere Erzbischof Hubert Walter, oder Geoffry fitz Peter, ebenfalls Sekretär Glanvills, — gibt *H. Kaufmann* in der Zeitschrift Traditio 17 (1961) 106 Fußn. 2, 3; 107 Fußn. 3.

[10] Vgl. dazu *Kaufmann* in dem ibid., S. 106—162, veröffentlichten Aufsatz.

[11] Vgl. auch *van Caenegem* 373 ff.

[12] Books of authority sind Schriften, die als anerkannte Rechtsquellen bindende Kraft besitzen, vgl. *Schwarz* 64 ff.

sowie für Strafsachen) hervor. Zur curia regis gehörten ferner die in regelmäßigen Abständen stattfindenden, mehrtägigen Gerichtsverhandlungen, in denen reisende Richter, justices in eyre (lat. in itinere), die Gerichtsgewalt des Königs im Lande ausübten. Glanvill saß nun dem 1178 von Heinrich II. geschaffenen, ersten ständigen Gericht in Westminster, der capitalis curia regis, vor, das als unmittelbarer Vorläufer der beiden seit 1234 getrennt tagenden Gerichtsbänke, der King's und der Common Bench, zu betrachten ist[13].

Mag Glanvill auch nachhaltig vom römischen Recht beeinflußt worden sein, das Begriffspaar actio in rem, in personam hat er indes noch nicht verwandt. Die von ihm vorgenommene Haupteinteilung[14] der Klagen folgt praktischen Gesichtspunkten und entspricht dem Aufbau seines Traktats: die ersten elf und das vorletzte der insgesamt 14 Bücher, aus denen das Werk besteht, beschreiben solche Klagen, die allein vor der curia regis verhandelt wurden, während für die im zwölften Buch besprochenen Klagen die Jurisdiktion zunächst bei einem Lehnsherrn lag und die königliche Gerichtsbarkeit nur durch spätere Zuweisung des eingeleiteten Prozesses (lat. per translationem) begründet werden konnte[15].

Dagegen führt *Henricus de Bracton* in seinem etwa sechs Jahrzehnte später, um 1250 entstandenen Traktat „De legibus et consuetudinibus Angliae libri quinque"[16] als wichtigste Einteilung der Klagen den Gegensatz in rem — in personam (oder: realis — personalis) ein. Bracton, nach seiner Universitätsausbildung längere Zeit als rechte Hand

---

[13] Vgl. insgesamt dazu *Pollock / Maitland* I 107 ff., 153 ff., 190 ff., 532; *Holdsworth*, H. E. L. I 32 ff.; *Carter*, A History of the English Courts 36 f.; 39 ff.; 49 ff.; *Sutton*, Personal Actions at Common Law 34 ff.; *Potter*, Historical Introduction to English Law and its Institutions 104 ff.; *Plucknett*, History 143 ff.

[14] Vgl. *Plucknett*, Early English Legal Literature 33 ff. — Nur kurz erwähnt *Glanvill* daneben die Klassifikationen von placita (engl. pleas) criminalia und civilia sowie von petitorischen und possessorischen Rechtsmitteln, *Glanv.* I 1, I 3.

[15] Das letzte anscheinend später verfaßte und angehängte Buch enthält Ausführungen über einzelne Straftaten.

[16] Über Bracton und sein Werk allgemein *Güterbock*, Henricus de Bracton und sein Verhältnis zum Römischen Recht, Berlin 1862; *Pollock / Maitland* I 206 ff.; *Maitland*, Select Passages from the Works of Bracton and Azo IX—XXXIII; *ders.*, Bracton's Note Book I 1—71; *Holdsworth*, H. E. L. II 230 ff.; *Winfield*, The Chief Sources of English Legal History 258 ff.; *Schwarz* 65 f.; *Vinogradoff* 101 ff.; *Woodbine*, 31 Yale L. J. (1921/22) 827 ff.; *Kantorowicz*, Bractonian Problems, Glasgow 1941; *Plucknett*, Early English Legal Literature, Chapt. III, IV; *Richardson*, Bracton. The Problem of his Text, London 1965, bespr. von *Peter*, ZRG 83 Germ. Abt. (1966) 402 ff.; *Peter*, Bracton, bei *Erler / Kaufmann*, Handwörterbuch zur deutschen Rechtsgeschichte, Bd. I, Sp. 496 ff.

Zu Einzelproblemen vgl. daneben die bei *Richardson* 155 ff. zusammengestellte Literatur sowie die in den folgenden Fußnoten zitierten Aufsätze. — Zur Entstehung des Traktats vgl. unten S. 40 ff.

des Richters am königlichen Gerichtshof in Westminster und Bischofs von Winchester William Raleigh tätig, hatte bis zu seinem Lebensende im Jahre 1268 verschiedene wichtige kirchliche, administrative und richterliche Ämter inne. Nachdem er zuvor im Auftrag des Königs als reisender Richter nach Art der fränkischen missi durch die nördlichen Grafschaften des Landes gezogen war, erreichte er in den Jahren 1247—51 und 1253—57, während der er, von Heinrich III. berufen, als Richter an der King's Bench wirkte, den Höhepunkt seiner Laufbahn. Aufgrund seiner Richterämter kannte sich Bracton in hervorragendem Maße in der verwirrenden Vielfältigkeit des englischen Writsystems aus. Angeregt durch sein Studium, sei es in Oxford, sei es in Exeter[17], hat er sich darüber hinaus — wie manche seiner Zeitgenossen — ein beträchtliches Wissen über das römische und kanonische Recht erarbeitet. Als Quellen, denen Bracton zahlreiche Auszüge, stellenweise Wort für Wort, entnommen hat, dienten ihm dabei neben dem Corpus iuris civilis Justinians[18] vornehmlich die Summen des Glossators Azo über die Institutionen und den Codex, die „Summa aurea", in welcher der Oxforder Rechtslehrer Wilhelm von Drogheda den Rechtsgang vor den kirchlichen Gerichten beschrieben hat, und, wie erstmals Fritz Schulz und H. G. Richardson ausführlich dargetan haben[19], je zwei Schriften der zeitweilig ebenso wie Azo in Bologna lehrenden Dekretalisten Tankred („Ordo justiciarius", „Summa de matrimonio") und Raymund von Peñaforte („Summa de matrimonio" und „Summa de casibus"). Die in praktischer und wissenschaftlicher Tätigkeit angeeigneten Kenntnisse kamen Bracton zugute, als er mit seinem Buch die erste systematische Darstellung des common law schuf, die trotz vieler in ihr enthaltener Ungereimtheiten wie kaum ein zweites Werk die Entwicklung der englischen Rechtswissenschaft vorantreiben sollte[20].

Auch wenn Bracton sich häufig auf romanistische und kanonistische Vorlagen stützte, trägt die in seinem Werk dargestellte Rechtsordnung größtenteils einen rein englischen Charakter[21]; ähnlich Glanvill wid-

---

[17] Der Studienort ist umstritten; vgl. *Kantorowicz* 17 f.; *Richardson*, English Historical Review 59 (1944) 40 ff.; *Fifoot*, History and Sources of the Common Law. Tort and Contract 7 Fußn. 22; aber auch *Plucknett*, Early English Legal Literature 48 und *Maitland*, Bracton and Azo XXII f.
[18] Zweifelnd allein *Vinogradoff*, 32 Yale L. R. (1922/23) 751 ff.
[19] *Schulz*, L. Q. R. 59 (1943) 172 ff.; ders., Seminar II (1944) 42 ff.; ders., L. Q. R. 61 (1945) 286 ff.; *Richardson*, English Historical Review 59 (1944) 376 ff.; ders., Traditio VI (1948) 61 ff.
[20] *Pollock / Maitland* I 185 würdigen das Werk als „crown and flower of English mediaeval jurisprudence", *Vinogradoff* heißt Bracton den „famous patriarch of the Common Law" (32 Yale L. J. [1922/23] 751), und *Kantorowicz* 17 rühmt die „mighty figure of the Father of English Jurisprudence". Näheres über den vielfältigen und nachhaltigen Einfluß, den Bractons Werk weniger in der Zeit bis 1500 als in den folgenden Jahrhunderten als zweites „book of authority" ausübte, bei *Holdsworth*, H. E. L. II 286 ff.
[21] Bractons Tractatus bildet daher — ebenso wie die Glanvilla — ein Glied

mete sich Bracton dank seiner beruflichen Stellung in der Hauptsache der Praxis der königlichen Gerichte und dem von der curia regis gesprochenen Recht. Eine eigens angefertigte Sammlung[22] von gut 2000 Rechtsfällen, die zu ihrem bei weitem überwiegenden Teil aus den Jahren 1216—1240 stammen, dienten ihm dabei als sichere „authority", Autorität weniger im später üblichen Sinn als bindende Rechtsquelle (legal authority), denn als nützliches Mittel, schwierige abstrakte Sätze verständlich zu machen[23]. Bei der Einarbeitung römischrechtlicher Elemente ging es ihm nicht darum, einer Rezeption des fremden Rechts als ganzes den Weg zu bereiten[24]; auch die Absicht, fertige Lösungen für einzelne vom englischen Recht unbefriedigend beantwortete Rechtsfragen zu übernehmen, verfolgte er allenfalls zweitrangig. In erster Linie sollte ihm das Vorbild des römischen Rechts vielmehr dazu dienen, der teilweise antiquierten, gestaltlosen und unübersichtlichen Masse des entstehenden common law Englands ein systematisches Gerüst zu geben, es in grundlegende Kategorien einzuordnen und allgemeine Prinzipien herauszuarbeiten. Angesichts der aktionenrechtlichen Orientierung, die das römische Recht in seiner Blütezeit wie das englische Recht des Mittelalters gleichermaßen kennzeichnete[25], über-

in der Kette der sog. Rechtsbücher, in denen um dieselbe Zeit überall in Europa einzelne Juristen ohne amtlichen Auftrag die einheimischen, mehr oder weniger vom römischen Recht beeinflußten Gewohnheitsrechte aufzeichneten. In Island entstand die Sammlung der „Graugans"; in Frankreich stellte Philippe de Rémi, Sire de Beaumanoir, zwischen 1279 und 1283 die Coutume de Beauvaisis dar; in Spanien wurden die althergebrachten fueros aufgeschrieben; in Deutschland schließlich hielt Eike von Repgow das in den Bistümern Magdeburg und Halberstadt geltende Land- und Lehnsrecht in dem ersten und zugleich wichtigsten deutschen Rechtsbuch, dem zwischen 1215 und 1235 verfaßten Sachsenspiegel, fest. Vgl. dazu *Mitteis / Lieberich*, Deutsche Rechtsgeschichte Kap. III 1, S. 188 f. — Ein Gegenstück in modernerer Zeit bilden die „Restatements of Law", in denen das American Law Institute eine nichtamtliche Zusammenstellung des häufig von Einzelstaat zu Einzelstaat abweichenden Präjudizienrechts versucht hat, um den einzelnen Jurisdiktionen die Entwicklung bundeseinheitlicher Normen zu erleichtern.
[22] Die von Vinogradoff entdeckte und identifizierte Handschrift dieser Sammlung hat Maitland unter dem Titel „Bracton's Note Book" herausgebracht und in einer ausführlichen Einleitung (S. 61—117) kommentiert; Bespr. bei *Brunner*, Abhandlungen zur Rechtsgeschichte II 585 ff.
[23] Näheres zu Bractons Gebrauch von Rechtsfällen bei *Plucknett*, Early English Legal Literature 57 f.
[24] Zu den Möglichkeiten einer Rezeption des römischen Rechts in England sowie zu deren Scheitern vor allem infolge des Widerstandes der in Innungen — den Inns of Court — fest organisierten Juristenschaft vgl. *Koschaker*, Europa und das Römische Recht 214 ff.; ferner *Holdsworth*, H. E. L. IV 228 ff., 285 ff.
[25] Dazu ausführlich *Peter*, Actio und Writ 54—61, 103 f. mit umfangreichen Literaturangaben; ferner *Wieacker*, Privatrechtsgeschichte der Neuzeit 187 Fußn. 48. Daß die aktionenbezogene Denkweise sich im Mittelalter nicht auf das common law Englands beschränkte, sondern auch den Juristen des romanistischen Kontinents eigentümlich war, weist H. Kaufmann in JZ 1964, 484 ff. nach.

rascht die Feststellung nicht, daß Bracton auch bei der Suche nach einem Einteilungsschema für die englischen Klagearten seinen Blick auf das römische Recht richtete. So unterscheidet er in teilweise wörtlicher Übereinstimmung mit Justinians Institutionen[26] und Azos Summa Institutionum[27]: ... omnium actionum ... haec esse prima divisio ... quaedam sunt in rem, quaedam in personam et quaedam mixtae[28].

Ob Bracton allerdings die Begriffe actio in rem, actio in personam in der gleichen Bedeutung verwandte, die sie im römischen Recht innehatten, oder ob bzw. inwieweit er ihnen einen anderen Inhalt gab oder geben mußte, um sie dem common law dienstbar zu machen, wird nicht einhellig beurteilt. Eine eigene Stellungnahme und das Verständnis für Bractons Klassifikation setzen zunächst einen, wenn auch summarischen Rückblick auf das römische Muster voraus, dem das anschließende Kapitel gewidmet sein soll.

---

[26] Inst. 4, 6, 1; 4, 6, 20.
[27] *Azo*, S. Inst. 4, De actionibus 12, fol. 182; *Maitland*, Bracton and Azo 138, 165 ff.
[28] *Bracton* fol. 101 b.

Zweites Kapitel

Actio in rem und actio in personam im römischen Recht

Die Anfänge der Klageeinteilung reichen weit in die römische Frühzeit zurück; bereits im altrömischen Sakramentsprozeß wurden legis actio in rem und legis actio in personam einander gegenübergestellt. Der Ursprung und manche Einzelheit beider Verfahrensarten sind allerdings bis heute nicht abschließend geklärt[1]. Bracton sicher unbekannt und daher hier nur kurz erwähnt, unterschieden sich legis actio in rem und legis actio in personam vornehmlich in zweierlei Richtung: erstens, was auch in der äußeren Fassung der Spruchformeln zutage trat, hinsichtlich der Klagegrundlage — hier ein beiderseitig behauptetes Eigentumsrecht an der Streitsache, dort eine deliktisch oder rechtsgeschäftlich begründete Haftung —, und zweitens bezüglich der Vollstreckung — einerseits die Gestattung des unmittelbaren und formlosen Zugriffs auf die Sache, sanktioniert durch eine Diebstahlsklage gegen den das Urteil mißachtenden Besitzer, andererseits, bei der legis actio in personam, die manus iniectio, welche den obsiegenden Kläger ermächtigte, den Gegner (Schuldner) in Privathaft zu nehmen und über sein Leben zu verfügen, falls dieser nicht rechtzeitig, innerhalb von 30 Tagen, durch Zahlung einer vorher vom Gericht genau bezifferten Geldsumme die Haftung löste. Beide Unterschiede verlieren, wie wir sehen werden, in den nachfolgenden Perioden des römischen Rechts keineswegs ihre Bedeutung.

A. Klassisches Recht

I. Im klassischen römischen Recht und wieder im Corpus iuris civilis wird der Gegensatz zwischen actio in rem und actio in personam dahin bestimmt, daß der Kläger in dieser jemanden, „qui ei obligatus est vel

---

[1] Vgl. insgesamt *Kaser*, Das Römische Zivilprozeßrecht § 13, S. 60 ff.; § 14, S. 64 ff.; § 20, S. 94 ff.; und *Kunkel*, Untersuchungen zur Entwicklung des römischen Kriminalverfahrens in vorsullanischer Zeit 98 ff., 137 f. (bes. Fußn. 475), nach dessen Hypothese sich beide Legisaktionstypen von einer weiteren, eine Zwischenstellung zwischen ihnen einnehmenden und der Ahndung von Kapitalverbrechen dienenden legis actio sacramento ableiten.

A. Klassisches Recht

ex contractu vel ex delicto", auf Erfüllung seiner Verbindlichkeit verklage, jene aber vorliege, wenn der Kläger ein auf eine „res" gerichtetes Recht mit dem Ziel behauptet, auf die „res" ohne Behinderung durch Dritte Zugriff nehmen zu können[2]. In dem einen Fall steht die Person des Beklagten im Vordergrund, in dem anderen spielt die „res" die primäre Rolle zur Bestimmung der Klagerichtung. Im alten ius civile bezeichnete man alle actiones in rem als vindicatio, wobei der Begriff der „res"[3] sich vom Eigentum über die Erbschaft bis zu den gewaltunterworfenen Personen[4], also der uxor in manu, den filii (filiae) familias, Personen in mancipio, Sklaven und Mündeln erstreckte. Im klassischen Recht zählten zu den actiones in rem insbesondere die rei vindicatio, daneben beispielsweise die negatorischen Klagen, die Erbschaftsklage (petitio hereditatis) und die Klagen um die Freiheit eines Sklaven, d. h. die vindicatio in libertatem[5] und die vindicatio in servitutem[6]. Beispiele der weitaus häufigeren actiones in personam sind die Darlehensklage nach der „formula certae creditae pecuniae" oder die deliktische actio furti.

II. In der Verfahrensausgestaltung des Formularprozesses spiegelt sich die innere, auf materiellrechtlichen Vorstellungen beruhende Verschiedenheit beider Klagen mehrfach wider.

1. Soweit sie „in ius conceptae" sind, der Kläger sich also auf ein Recht „ex iure civili" stützen kann, unterscheiden sich die actiones in

---

[2] *Gai.* 4, 1 ff.; *Inst.* 4, 6, 1 f.; *Ulp.* D. 44, 7, 25 pr.; *Windscheid*, Die Actio des Römischen Civilrechts § 2, S. 8 ff.; *Windscheid / Kipp*, Lehrbuch der Pandekten § 45, S. 193 ff.; *Savigny*, System des Heutigen Römischen Rechts V §§ 206—209, S. 11 ff.; *Bekker*, Die Aktionen des römischen Privatrechts 200 ff., 218, 223 f.; *Williams*, 4 L. Q. R. (1888) 394 ff.; *Kaser*, Das Römische Privatrecht I § 55 I, S. 197 f.; ders., ZP § 47 III, S. 253 ff.; *Schulz*, Classical Roman Law 32 ff.; *Siber*, Römisches Recht II § 35 1, S. 14 f.
[3] Vgl. *Bekker*, Aktionen 203 ff.
[4] *Gai.* 1, 134; *Kaser*, RP I § 13 III, S. 54.
[5] Diese Feststellungsklage, in der der „adsertor in libertatem" für den prozeßunfähigen Betroffenen dessen Freiheit behauptet, ist im klassischen Recht ein Vindikationsverfahren, das sich der „sponsio praeiudicialis" bedient; str. vgl. *Lenel*, Das Edictum perpetuum 379 ff.; *Wenger*, Institutionen des Römischen Zivilprozeßrechts § 14, S. 134 Fußn. 5; *Kaser*, SZ 79 (1962) 395 (Buchbespr.).
[6] Ob die aus der „sponsio praeiudicialis" hervorgegangenen selbständigen Feststellungsklagen (praeiudicia) geschlossen zu den actiones in rem zu rechnen sind, ist trotz Inst. 4, 6, 13 nach wie vor streitig. Dafür: *Savigny*, System V § 207, S. 17 ff.; *Windscheid / Kipp*, Pandekten § 45 (3), S. 195 f. Dagegen: *Schulz*, Classical Roman Law 49; *Keller / Wach*, Der Römische Civilprozeß und die Aktionen § 87, S. 454 Fußn. 1092. Differenzierend: *Bekker*, Aktionen 291 ff., insbes. 204 f.; *Triantaphyllopoulos*, Labeo 8 (1962), 223 ff.; *Kaser*, ZP § 50 III 2, S. 267 Fußn. 41.

Für unsere Untersuchung mag die Feststellung genügen, daß *Bracton* die „actiones praeiudiciales", denen er einen weiteren Sinn als den römischen praeiudicia gab (dazu *Maitland*, Bracton and Azo 185) als eine eigenständige dritte Klagegruppe ansah; vgl. *Bracton*, fol. 104.

rem von denen in personam durch die Fassung der „intentio", in welcher gemäß Gai. 4, 41 „actor desiderium suum concludit". Bei den dinglichen Klagen lautet die intentio:

Si paret fundum (heriditatem, hominem) ex iure Quiritium Auli Agerii esse[7],

bei den persönlichen folgt sie dem Schema:

Si paret Numerium Negidium Aulo Agerio... dare oportere[8] (Vertragsklagen auf ein certum) oder

Si paret... fecisse (factum esse), quam ob rem Numerium Negidium Aulo Agerio dare (damnum decidere, noxium parcire) oportet[9] (Deliktsklagen).

Die Beispiele zeigen, daß die Formeln der actiones in personam die Person des Beklagten, auf dem eine Verbindlichkeit nach dem ius civile ruht, stets aufführen (... Nm. Nm. ... oportere). Dagegen intendiert der Kläger einer actio in rem lediglich das Vorhandensein eines absoluten Rechts, ohne in der Regel den Beklagten zu nennen[10], in dessen Person ja, wie oben festgestellt, keine persönliche Gebundenheit besteht.

Im Gegensatz zu den Zivilklagen wird bei den „in factum" konzipierten prätorischen Klagen der Unterschied in der Fassung der intentio nicht sichtbar, da bei ihnen die intentio nicht ein klagbegründendes Recht bezeichnet, sondern lediglich die Tatsachen nennt, aus denen der Prätor trotz Fehlens eines Rechts ex iure civili das Begehren des Klägers rechtfertigen kann. Jedoch wird auch bei den prätorischen Klagen die Klassifizierung überwiegend anerkannt[11].

2. Von größerem Gewicht und unabhängig davon, ob die Klagen „in ius" oder „in factum conceptae" sind, ist der Unterschied hinsichtlich der Folgen der Einlassungsverweigerung[12]. Bekanntlich kann im klassischen römischen Recht kein Gerichtsverfahren ohne die aktive Mitwirkung beider Parteien stattfinden. Erst wenn sich neben dem Kläger

---

[7] *Gai.* 4, 41; 91—93; *Lenel,* EP 177, 185 f., 384.
Die nicht überlieferte Formel der vindicatio in libertatem müßte folgende Rechtsfrage enthalten: Si homo, quo de agitur, ex iure Quiritium liber est, ... sestertios dare spondes?

[8] *Gai.* 4, 41; *Lenel,* EP 237, 240, 339, 367.

[9] *Lenel,* EP 195, 201, 324.

[10] Eine Ausnahme bilden die actiones in rem negatoria mit den Formeln: „s. p. ... No. No. ius non esse... invito Ao. Ao." oder „s. p. ... Ao. Ao. ius esse... invito No. No.", vgl. *Lenel,* EP 190, 193 f.; *Schulz,* Classical Roman Law 375, 651.

[11] *Savigny,* System V § 217, S. 91; *Kaser,* ZP § 47 III, S. 254 Fußn. 36 mit weiteren Nachweisen; *Schulz,* Classical Roman Law 33.

[12] Grundlegend *Wlassak,* SZ 25 (1904) 123 ff.; 42 (1921) 419 ff.; ferner *Wenger,* Institutionen § 11 VI, S. 101 ff.; *Kaser,* ZP § 38, S. 204 ff.; *ders.,* RP I § 103 I 3, S. 364 f. (für die rei vindicatio).

auch der Beklagte dem vom Magistrat eingesetzten Urteilsgericht in der „litis contestatio" unterwirft, wird die Streitsache rechtshängig („res in iudicium deducitur"). Der Gefahr, daß der Beklagte sich durch Passivität dem Verfahren entziehen und damit die Durchsetzung des klägerischen Begehrens vereiteln könnte, begegnet der Prätor mit unterschiedlich ausgestalteten Zwangsmitteln, die der grundlegenden Verschiedenheit der Klagearten Rechnung tragen.

So unterliegt der persönlich verpflichtete Beklagte einer actio in personam einem unmittelbaren Einlassungszwang. Solange er sich nicht ordnungsgemäß verteidigt, „indefensus" bleibt, ist der Kläger durch das prätorische „duci iubere" ermächtigt, ihn in Privathaft wegzuführen[13]. Daneben kann er dessen gesamte Habe beschlagnahmen und sich in den Besitz einweisen lassen (missio in bona)[14].

Dagegen kann in einer actio in rem der Beklagte nicht unmittelbar zur Einlassung[15], wohl aber zur Preisgabe der Streitsache an den Kläger angehalten werden — der Beklagte ist persönlich nicht gebunden, der Kläger hat nur ein Zugriffsrecht auf die Sache. Einlassung oder, etwa wenn er unter der genehmigten Formel keine Aussicht auf einen ihm günstigen Prozeßausgang hat, Preisgabe der Sache stehen dem Beklagten zur Wahl[16]. Stellt er in iure gegenwärtige bewegliche Sachen oder Sklaven streitlos, erteilt der Prätor das „duci vel ferri iubere"[17], ermächtigt den Kläger also, die Gegenstände an sich zu nehmen. Ist die Streitsache nicht vor Gericht gebracht worden, kann der Kläger mit der actio ad exhibendum[18] die Vorlegung vor den Magistrat verlangen, und zwar von jedem, der zur Vorweisung imstande ist. Bei Grundstücken befiehlt der Prätor dem Beklagten durch das interdictum quem fundum[19], sich entweder in den Vindikationsprozeß einzulassen oder den Besitz dem Kläger zur Verfügung zu stellen. Sowohl die actio ad exhibendum als auch die Interdikte sind als actiones in personam mit den strafferen Mitteln der Personalhaft und Vermögensbeschlagnahme ausgestattet, um den Beklagten, wenn er schon nicht um das dingliche Recht prozessieren will, jedenfalls dazu zu zwingen, die streitlos gestellte Sache dem Beschwerdeführer herauszugeben. Der Verlust des

---

[13] Lex Rubrica c. 21 Z. 19 f.; c. 22 Z. 46 f.
[14] Lex Rubrica c. 22 Z. 46 f.
[15] *Fur. Anth.* D. 6, 1, 80: ... in rem actionem pati non compellimur; *Ulp.* D. 50, 17, 156 pr.: Invitus nemo rem cogitur defendere.
[16] Nur mit dieser Einschränkung ist es haltbar, bei den actiones in rem von „Einlassungsfreiheit" (so *Wlassak* seit SZ 25 (1904) 141 ff., 153 ff.) zu reden, vgl. *Kaser*, ZP § 38 II, S. 205 Fußn. 7 mit Nachw.; *Levy*, Die Konkurrenz der Aktionen und Personen im Klassischen Römischen Recht 69.
[17] *Ulp.* D. 2, 3, 11; *Lenel*, EP 136.
[18] *Lenel*, EP 220 ff.
[19] *Lenel*, EP 474 f.; entsprechend bei Erbschaften das interdictum quam hereditatem, *Lenel*, EP 454 f.

Objekts infolge der Einlassungsverweigerung braucht aber kein endgültiger zu sein. Der Indefensus begibt sich nämlich nicht des Rechts, zu einem späteren Zeitpunkt dieselbe Sache in einem neuen Prozeß von dem seinerzeit erfolgreichen Kläger zurückzuverlangen, auch wenn er dabei Beweisnachteile in Kauf nehmen muß[20]. Denn infolge seines passiven Verhaltens vereitelt er das Zustandekommen eines Prozesses und damit eines mit Rechtskraft ausgestatteten Urteils, ohne andererseits das klägerische Recht anzuerkennen, ohne also eine confessio iuris zu erklären, die einem Urteil entsprechende Rechtskraftwirkungen entfalten würde[21].

III. Auf der anderen Seite hat die Unterscheidung zwischen actio in rem als einer Klage, die dem Kläger kraft eines absoluten Rechts unmittelbar den Zugriff auf eine Sache ermöglichen soll, und der actio in personam, die auf Erfüllung der gegnerischen Obligation abzielt, im klassischen Formularverfahren nicht immer konsequente Berücksichtigung gefunden.

1. Bei der auf eine Sache gerichteten actio in rem, deren intentio den Beklagten nicht nennt, hätte dem Kläger das Recht zur Ladung (in ius vocatio), das im altrömischen Recht zu einer direkten Gewaltanwendung ermächtigte und später in der Regel durch Beschlagnahme und Veräußerung des gegnerischen Vermögens sanktioniert war, nicht gewährt sein dürfen. In der Tat war im Legisaktionenverfahren die in ius vocatio auf persönliche Klagen beschränkt, im Formularprozeß jedoch wird die Ladung auch bei den actiones in rem zugelassen[22].

2. Nicht im Einklang mit dem aufgestellten Grundsatz steht insbesondere die Angleichung beider Aktionengruppen durch die litis contestatio und den anschließenden Rechtsgang.

Sie tritt in der Fassung der Urteilsanweisung des Magistrats an den Richter, der sog. condemnatio, offen zutage. Anders als die intentio enthält die condemnatio auch bei den actiones in rem den Namen des Beklagten[23], z. B. bei der rei vindicatio:

... quanti ea res erit, tantam pecuniam iudex Nm. Nm. Ao. Ao. condemnato, si non paret absolve[24].

---

[20] Vgl. *Wenger* § 11 VI 1 c, S. 104.
[21] Vgl. *Ulp.* D. 42, 1, 56; 42, 2, 6 pr. — 7.
[22] Vgl. *Kaser*, ZP § 10 I, S. 48 einerseits und § 30 II 4, S. 165 andererseits; ferner *Steinwenter*, Studien zum Römischen Versäumnisverfahren 151.
[23] Das gilt jedoch nur für die auf Herausgabe gerichtete „formula petitoria", da bei der „actio in rem per sponsionem", die lediglich zu einem Feststellungsurteil führt (vgl. zu ihr unten S. 31), für eine condemnatio kein Raum bleibt; *Gai.* 4, 43.
[24] *Gai.* 4, 34; 36; 41; 45; *Lenel*, EP 185 f.

Darin kommt das römischrechtliche Dogma zum Ausdruck, daß sich die Rechtsstellung des anfangs persönlich ungebundenen in rem Verklagten mit der Unterwerfung unter das Urteilsgericht in ein „restituere debere" umgewandelt hat[25]. Die litis contestatio erzeugt also bei den actiones in rem ein Haftungsverhältnis, das dem der persönlichen Klagen, bei denen infolge der Litiskontestation an die Stelle des „dari oportere" ein „condemnari oportere" tritt[26], genau entspricht. Auch bei den actiones in rem tritt daher mit dem Beginn des zweiten Verfahrensabschnitts die Person des Beklagten in den Vordergrund; die Streitsache spielt nunmehr eine sekundäre Rolle. Gleichermaßen unterliegen beide Aktionen dem Prinzip der Geldverurteilung[27]. Auch den mittels actio in rem auf Herausgabe Verklagten verurteilt der Iudex gemäß prätorischer Anweisung in eine bestimmte Geldsumme, falls er die Voraussetzungen der Kondemnation für gegeben hält. Erfüllt der Beklagte die durch das Urteil geschaffene Geldschuld nicht innerhalb von 30 Tagen, leitet der Kläger — wiederum einheitlich bei dinglichen und persönlichen Klagen — mit der actio iudicati[28] die Vollstreckung ein, bei der jeweils Personal- und Vermögensexekution zur Wahl stehen.

Eine begrenzte Abschwächung erfährt das Prinzip der Geldverurteilung zwar durch die „formula arbitraria"[29]. In solchen Verfahren kann der Richter nach der Feststellung, daß der Klagegrund besteht, die Geldverurteilung davon abhängig machen, ob der Beklagte die ursprünglich verlangte Leistung erbringt. Abermaliger Druck soll diesem zur besseren Einsicht verhelfen: restituiert er nicht, wird der Iudex dem Kläger gestatten, den Wert seines Klageanspruchs zu beeiden (iusiurandum in litem), und der Kläger wird bei seiner Schätzung kaum zu bescheiden sein[30]. Aber abgesehen davon, daß die formula arbitraria dann nicht zu einer Naturalrestitution führt, wenn der Gegner sich beharrlich weigert, ist sie keineswegs ein Privileg der actiones in rem, sondern findet sich auch bei einem weiten Kreis von persönlichen Klagen[31]. Sie korrigiert daher zwar das Prinzip der Geldkondemnation, nicht aber die Angleichung der „in rem" an die „in personam" Klagen infolge der Streiteinsetzung. Der Grund für das Festhalten an dem

---

[25] *Ulp.* D. 5, 3, 20, 17 f.; *Gai.* D. 6, 1, 20; vgl. *Bekker,* Aktionen 203, 218 ff.; *Wlassak,* SZ 25 (1904) 157 f.; *Kaser,* ZP § 47 III 2, S. 255.
[26] *Gai.* 3, 180.
[27] *Gai.* 4, 48; *Ulp.* D. 2, 9, 5; 42, 1, 6, 1; *Wenger,* Institutionen § 14 IV, S. 135 f.; *Kaser,* ZP § 54 IV 1, S. 286 mit Literaturhinweisen.
[28] *Lenel,* EP 404 ff.; 443 ff.
[29] Vgl. *Schulz,* Classical Roman Law 37 ff.
[30] U. a. bei den actiones in rem braucht der Richter gemäß *Gai.* 4, 51 keine Höchstgrenze (taxatio) vorzuschreiben.
[31] Nachweise bei *Kaser,* ZP § 48 I, S. 257; *Buckland,* A Textbook of Roman Law from Augustus to Justinian 659 f.

Prinzip der Geldverurteilung im klassischen Recht ist bis heute ungeklärt[32]. Abgesehen von der Möglichkeit, daß es den damaligen Gerichten an tatsächlicher Macht gefehlt haben mag, die Streitsache selbst dem Kläger zurückzuverschaffen, geben prozeßökonomische Gesichtspunkte der Regel in dem von Klageformeln beherrschten Verfahrensrecht durchaus einen Sinn. Ginge nämlich eine actio in rem allein auf Naturalrestitution, würde der Kläger in den häufig auftretenden Fällen, in denen sich erst im Laufe des Prozesses der Untergang, die Verschlechterung oder Unauffindbarkeit der Sache herausstellt, mit der dinglichen Klage unterliegen. Statt dessen müßte er von vorn beginnen und mit einer actio in personam Entschädigung in Geld begehren. Der Grundsatz der Geldkondemnation verhindert nun die drohende Klageverdoppelung, indem er, im Ergebnis, deliktischen und kondiktionsrechtlichen Gesichtspunkten den Weg in das Verfahren einer rei vindicatio eröffnet — eine späte Nachwirkung davon zeigt sich in dem Platz, den die in Wahrheit nicht auf ‚Eigentum' gestützten, sondern auf den Haftungsgründen ‚unerlaubte Handlung' bzw. ‚ungerechtfertigte Bereicherung' beruhenden und daher in den Zusammenhang des 3. Buches des BGB (7. Abschnitt, 24. und 25. Titel) gehörenden Ansprüche der §§ 987—993 BGB in der Systematik des Bürgerlichen Gesetzbuches gefunden haben[33].

3. Auch der Bereich der Klagekonsumption liegt jenseits des Punktes, bis zu dem dingliche und persönliche Klagen unterschiedliche Regelungen aufweisen[34]. Zwar erlischt bei den in ius konzipierten persönlichen Klagen die geltend gemachte Verbindlichkeit ipso iure durch die litis contestatio, während bei den actiones in rem nicht das eingeklagte Recht (z. B. Eigentum), sondern nur die Berechtigung, gegen diesen bestimmten Gegner die actio als prozessuales Verfolgungsmittel geltend zu machen, aufgezehrt wird[35], und daher die „exceptio rei iudicatae vel in iudicium deductae"[36] erforderlich ist, um ein erneutes Prozessieren aus gleichem Klagegrund und Klageziel zu verhindern. Doch die Grenze zwischen Konsumption ipso iure und Notwendigkeit der exceptio geht nicht einher mit der Trennung zwischen dinglichen und persönlichen Klagen, sondern läuft mitten durch das Gebiet der actiones

---
[32] Vgl., mit Nachw., *Kaser*, ZP § 54 IV 1, S. 287, der es als „rätselhaft" und eine „letztlich wohl nur aus dem römischen Traditionalismus verständliche Eigentümlichkeit" bezeichnet.
[33] Zur systematischen Stellung der §§ 987 ff. BGB vgl. eingehend zuletzt *Dimopoulos-Vosikis*, Die bereicherungs- und deliktsrechtlichen Elemente der §§ 987—1003 BGB, Köln/Berlin 1966; *Krause*, Die Haftung des Besitzers nach den §§ 989—993 BGB, Berlin 1966.
[34] So insbes. *Levy*, Konkurrenz I 48 ff., 67 ff.; gegen *Wlassak*, Der Ursprung der römischen Einrede 9 Fußn. 14; 37 Fußn. 80; *ders.*, SZ 33 (1912) 88 mit weiterer Literatur.
[35] *Levy*, Konkurrenz I 67 ff., 73 ff.
[36] Gai. 3, 181; *Lenel*, EP 506 ff.

in personam: auch bei den in factum konzepierten prätorischen Klagen tritt keine Konsumption ipso iure ein[37].

4. Nicht in demselben Umfang gleicht sich die actio in rem per sponsionem, die beim Vindikationsprozeß neben der formula petitoria zur Wahl steht[38], den persönlichen Klagen an. Da sie zu einem Feststellungsurteil führt, enthält die Formel keine condemnatio, die den Beklagten bezeichnen könnte. Immerhin tritt auch bei ihr mit dem Abschluß des Verfahrens in iure eine persönliche Gebundenheit des Beklagten ein, die zwar nicht auf der Streiteinsetzung, sondern auf der Prozeßkaution beruht, durch die der Beklagte die Rückgabe der Sache verspricht, falls er im Sponsionsprozeß unterliegen sollte (cautio pro praede litis et vindiciarum[39]). Der siegreiche Kläger darf den Gegenstand nicht in erlaubter Eigenmacht an sich nehmen, sondern muß sich an den aus der Stipulation persönlich haftenden Gegner halten.

Zusammenfassend ist für das klassische Formularverfahren festzustellen: Der Leitgedanke der actio in rem, dem Kläger aufgrund eines absoluten Rechts ohne Behinderung durch Dritte unmittelbar den Zugriff auf die beanspruchte Streitsache zu ermöglichen, wird im Verfahren in iure darin sichtbar, daß die intentio nur das Objekt und den Rechtsgrund, nicht aber den Beklagten bezeichnet, und ferner darin, daß mit den Mitteln der Personalhaft und Vermögensbeschlagnahme nicht die Einlassung des Gegners in den Rechtsstreit, sondern die Preisgabe des nicht verteidigten Gegenstands an den Kläger erzwungen werden kann.

Mit der litis contestatio gleicht sich die actio in rem an die auf Erfüllung einer Verbindlichkeit gerichtete persönliche Klage an: in beiden Fällen entsteht ein persönliches Haftungsverhältnis, das zu einer Geldverurteilung führt, welche gegen die Person des Beklagten und dessen Vermögen vollstreckt wird.

B. Vulgarrecht

Einen einschneidenden Bedeutungswandel erfährt der Gegensatz zwischen dinglichen und persönlichen Klagen im nachklassischen Vulgarrecht. Nicht mehr klägerisches Zugriffsrecht auf eine Sache oder persönliche Verbindlichkeit des Gegners bestimmen die Eigenart der Klagegruppen, sondern „in personam" heißt jetzt eine actio, wenn sie die Zahlung einer aus dem Schuldnervermögen zu vollstreckenden

---

[37] *Levy*, Konkurrenz I 55 f., 71, 73; *Kaser*, ZP § 43 I 2, S. 230.
[38] *Gai.* 4, 91 ff. Allerdings fand der Sponsionsprozeß im Verhältnis zur moderneren und zielstrebigeren formula petitoria selten Anwendung.
[39] *Gai.* 4, 91, 94; *Lenel*, EP 516 ff.

Geldsumme fordert, in rem dagegen, wenn sie auf die Leistung eines anderen Vermögensgegenstandes gerichtet ist[40]. Der Klagegrund wird für die Unterscheidung unerheblich: auch die auf Sacherfüllung gerichtete Vertragsklage ist anscheinend actio in rem[41].

Der Grund für die Bedeutungsverschiebung liegt in erster Linie in dem Untergang des Aktionensystems in der nachklassischen Zeit[42]. Bereits im klassischen Kognitionsprozeß verliert der Begriff der „actio" seine ihm im Formularverfahren eigene grundlegende Bedeutung als materiellrechtlich individualisiertes, prozessuales Verfolgungsmittel. Trat der Kognitionsprozeß anfangs in Rom und einigen Kolonien[43] nur ergänzend neben das Schriftformelverfahren, so gewann er schon in der Prinzipatszeit das Übergewicht bei der allmählich, in den Kolonien vor allem seit der Verleihung der Bürgerrechte an den überwiegenden Teil der Reichsbevölkerung im Jahre 212 n. Chr., dann aber auch zunehmend in der römischen Hauptstadt selbst voranschreitenden Verschmelzung beider Verfahrensarten. Im Jahre 342 wird der Formularprozeß formell abgeschafft: die Söhne Konstantins, Constantius und Constans, befehlen, die „silbenstecherischen Prozeßformeln mit der Wurzel auszurotten"[44].

Da der klassische Begriff der actio auf diesem Wege mit der Ablösung des Formularverfahrens verloren ging, konnte das Begriffspaar actio in rem — in personam sich nur durch einen Bedeutungswandel am Leben erhalten. Dabei bot die Abkehr vom Prinzip der Geldverurteilung bereits im Kognitionsprozeß[45] den nachklassischen Juristen, die den Klassikern hinsichtlich juristischer Begabung und der Fähigkeit zu kunstvollen dogmatischen Konstruktionen unterlegen waren[46] und einfachere, vornehmlich auf die Praxis ausgerichtete Formen zu finden suchten, das neue, wenig komplizierte Kriterium für die Einteilung der Klagen an, nämlich der Inhalt des Leistungsbegehrens. Actio in

---

[40] So namentlich *Levy*, West Roman Vulgar Law. The Law of Property 219 ff.; *ders.*, SZ 68 (1951) 394 f.; 76 (1959) 6; vgl. etwa PS und IP 1, 7, 4; CT 12, 11, 1, 1 (314) = C. 11, 33, 2, 1 a; 13, 6, 6 (372); 4, 11, 2 (349); 4, 14, 1 (424) = C. 7, 39, 3 pr.; *Kaser*, RP II § 199 I 2, S. 42 f.; *ders.*, ZP § 88 I 2, S. 467 f.

[41] Eine direkte Quelle dafür fehlt allerdings, vgl. *Levy*, Property 225, 231.

[42] Vgl. auch zum folgenden *Levy*, Property 202 ff., 228; SZ 49 (1929) 241 ff.; *Kaser*, RP II § 199 I 1, S. 42; *Wenger*, Institutionen 252 ff.; *Peter* 78 f.

[43] In vielen Kolonien, z. B. Ägypten, bildete die Beamtenkognition von Anfang an das ordentliche Verfahren.

[44] C. 2, 57, 1: Iuris formulae aucupatione syllabarum insidiantes cunctorum actibus radicibus amputentur.

[45] Vgl. *Kaser*, ZP § 74 I 2, S. 392 Fußn. 12 mit Nachweisen.

[46] Vgl. etwa *Buckland*, 60 L. Q. R. (1944) 363: „(The interpreter of Paul's Sentences) was a very ignorant man and since he must have been well thought of, or his work would hardly have been preserved, we must suppose that he was one of the best men available. That means a tremendous decline in the level of knowledge and skill, and such decline postulates a great gap in time — nemo repente stultissimus".

rem ließ sich eng an den Wortlaut anknüpfend als Klage auf die Sache selbst (res ipsa agitur) bestimmen, die dem Kläger den Gegenstand notfalls mit staatlicher Hilfe (manu militari) im Vollstreckungsweg verschafft. Den Gegensatz dazu bildete die actio in personam dann als jene Klage, die nicht auf Naturalrestitution abzielt, sondern auf eine Geldsumme gerichtet ist, für welche der Schuldner persönlich und mit seinem Gesamtvermögen haftet.

C. Justinianisches Recht

I. Justinian führt den Namen und Begriff der actio wieder ein, wobei deren privatrechtliche Seite eindeutig in den Vordergrund gerückt wird[47], und kehrt im wesentlichen zu der klassischen Trennung von „actiones in rem" und „in personam" zurück[48]. Dagegen erweckt er das Formularverfahren nicht zu neuem Leben, was nicht ohne Auswirkungen auf die Einteilung der Klagen bleibt.

II. 1. Zunächst zieht die Einlassungsverweigerung bei den „actiones in rem" — nach wie vor kann ohne Einlassung des vor Gericht erschienenen Beklagten kein Verfahren stattfinden — im justinianischen Libellprozeß abweichende Folgen nach sich, die die praktische Bedeutung der Einlassungsfreiheit und damit den Gegensatz der Klagegruppen abschwächen. Im Schriftformelverfahren dienten dem Kläger die actio ad exhibendum und das interdictum quem fundum, um den Gegner unmittelbar zur Preisgabe der Streitsache und mittelbar zur Einlassung in den dinglichen Rechtsstreit zu zwingen. An die Stelle der Hilfsklagen tritt jetzt, wenn der Gegner sich als Besitzer bekennt oder der Kläger beweist, daß der Gegner zu Unrecht seinen Besitz ableugnet, der richterliche Befehl an den Exekutor, die Sache notfalls mit Gewalt dem Beklagten wegzunehmen und dem Kläger auszuhändigen[49].

Darüber hinaus läßt der Libellprozeß außer bei den actiones in personam auch bei den actiones in rem ein Kontumazverfahren zu, wenn der Beklagte sich vollkommen passiv verhält, also nicht nur die Einlassung verweigert, sondern zuvor der Ladung nicht Folge leistet[50].

---

[47] Vgl. *Niederländer*, RabelsZ 20 (1955) 3 f.; *H. Kaufmann*, JZ 1964, 484.
[48] Inst. 4, 6, 1; C. 4, 39, 9 (531); oben S. 17 f.; *Levy*, Property 202 f., 221 f., 225 f., 238 f.; *Kaser*, RP II § 199 I 3, S. 43 ff.; ders., ZP § 88 I 3, S. 468 f.
[49] D. 6, 1, 68 insoweit itp.; Nov. 18, 10 (537); D. 6, 1, 80 teilw. itp.; *Wlassak*, SZ 25 (1904) 143 f.; ders., SZ 42 (1921) 429 f.; *Kaser*, RP II § 245 II 3, S. 212 f. — Abzulehnen ist andererseits die Auffassung *Sibers*, der von einem Einlassungszwang bei den actiones in rem im justinianischen Recht spricht (Bd. II, S. 101). Dem in rem Verklagten ist weiterhin freigestellt, sich entweder in den Streit einzulassen oder das Streitobjekt, ohne es endgültig zu verlieren, an den Gegner herauszugeben.
[50] Ausführlich *Steinwenter* 149 ff.; ferner: *Wenger*, Institutionen § 26 III, S. 271 ff.; *Kaser*, ZP § 87 IV, S. 466.

Eine Verordnung Diocletians hatte das im Kognitionsprozeß entwickelte Versäumnisverfahren bereits auf die dinglichen Klagen im späteren Formularprozeß erstreckt und, da der Beklagte sich ja nicht eingelassen hat, neben die Einweisung in den Besitz zur Wahl gestellt[51]. Der Libellprozeß hält an der Möglichkeit des Versäumnisverfahrens fest, bei dem der Richter den Kläger nach der Säumnis des Gegners in den Besitz einweist und den Beklagten, wenn er nicht binnen eines Jahres danach mit Kautionsleistung den Streit aufnimmt, gemäß Klageantrag verurteilt.

2. Abweichend vom Formularprozeß, jedoch in Übereinstimmung mit dem klassischen Kognitionsverfahren gibt Justinian das Prinzip der Geldverurteilung (condemnatio pecuniaria) auf[52]. Nach freiem Ermessen des Richters kann das Urteil sowohl bei den actiones in personam als auch in rem auf eine Geldzahlung oder eine beliebige andere Sachleistung lauten. Soweit die Leistungsklagen, wie meist, zum Kreis der Arbiträrklagen (actiones arbitrariae) gehören, bedeutet das jetzt nicht mehr, daß der Gegner durch Zahlung der Urteilssumme einen Zwangskauf herbeiführen kann, sondern daß es dann zur Geldverurteilung kommt, wenn der Streitgegenstand nicht freiwillig herausgegeben wird oder aber der Versuch des Exekutors, die Sache notfalls mit Gewalt (manu militari) wegzunehmen und dem Kläger auszuhändigen, ergebnislos verläuft.

---

[51] *Diocl.* C. 7, 43, 8; *Wlassak* 25 (1904) 158 Fußn. 2, 3; *Steinwenter* 151 f.
[52] C. 7, 4, 17 (530); D. 6, 1, 68 i. f.; *Levy*, Property 225; *Kaser*, ZP § 93 II 2, S. 497 ff. mit Lit.

Drittes Kapitel

Actio in rem und actio in personam in Bractons Traktat

Der Rückblick auf das römische Recht hat gezeigt, daß das Gegensatzpaar actio in rem, actio in personam keine konstante Bedeutung besaß, sondern in den verschiedenen Perioden einen teilweise grundsätzlich, teilweise hinsichtlich Einzelheiten unterschiedlichen Inhalt annahm, ja annehmen mußte, um sich im Auf und Ab der römischen Rechtsentwicklung am Leben zu erhalten. Auch wenn Bracton, ähnlich wie seine Vorbilder auf dem Kontinent, diese Bedeutungsverschiebungen kaum erkannt haben dürfte, erschweren sie doch sein ohnehin schwieriges Vorhaben, die Klassifikation auf ein ganz anderes, ihm vorgegebenes Material zu verpflanzen. Mit der Übernahme der römischrechtlichen Einteilung legte Bracton keineswegs erst den Grundstein für die Verschiedenheiten zwischen den jeweiligen Klagegruppen im common law. Seit langem hatten sich die Unterschiede in dem ständig voranschreitenden Wachstum des englischen Aktionensystems herausgebildet, und Bracton mußte sie bei seinen Bemühungen, die Klagen (actiones[1]), namentlich jene, die vor der curia regis verhandelt wurden, nach dogmatischen Gesichtspunkten zusammenzufassen und darzustellen, als feststehende Ausgangspunkte berücksichtigen. Rechnung tragen mußte Bracton bereits den verschiedenartigen Formen der Prozeßeröffnung, die dem weiteren Verfahrensablauf sein ihm eigenes Gepräge verliehen.

I. 1. Jedes Klageverfahren, dessen Mittelpunkt die Entscheidung einer zivilrechtlichen Streitigkeit bildete[2], wurde zu Bractons Zeit grundsätzlich, soweit es nicht in die ausschließliche Zuständigkeit geistlicher (ecclesiastical) und örtlicher Gerichte (feudal, franchise, borough courts) fiel, durch ein spezifisches „original writ" (lat. breve originale) eingeleitet und individualisiert. Ein solches, auch schlicht „original" genanntes writ, das der Kanzler (chancellor) bzw. seine Beamten auf

---

[1] *Bracton* setzt den Begriff „actio" dem vor seiner Zeit gebräuchlichen Terminus „placitum" (engl. plea = Streitangelegenheit) gleich; vgl. fol. 101 b: Et sciendum quod omnium actionum sive placitorum (ut inde utatur aequivoce)....

[2] Zu strafrechtlichen Nebenfolgen vgl. unten S. 55.

Gesuch des Klägers gegen die Entrichtung einer — häufig beträchtlichen — Gebühr ausstellte, forderte, wenn der Jurisdiktion des Königs die eines lokalen Gerichtsherrn (z. B. des Lehnsherrn bei einem feudal court) vorgeschaltet war, diesen auf, dem Kläger unverzüglich zu seinem Recht zu verhelfen; anderenfalls werde sich ein Beauftragter des Königs des Streitfalls annehmen. Stand die Gerichtsgewalt unmittelbar der Krone zu, enthielt das breve einen Befehl an den Sheriff, im Namen des Königs für Gerechtigkeit gegenüber dem Kläger zu sorgen, bzw., wenn der Gegner sich sträubte, die nach den Umständen erforderlichen prozessualen Maßnahmen (z. B. Ladung oder Arrestierung des Beklagten, Beschlagnahme des Streitgegenstandes) vorzunehmen. Bei einer dritten Formelgruppe, den sog. quare-actions, lautete die Anweisung der Kanzlei an den Sheriff dahin, nach einer Sicherheitsleistung (Stellung von Bürgen) des Klägers den Gegner ohne Verzug vorzuladen, damit dieser aufzeigte, warum (osturus quare) er dem Kläger einen Schaden zugefügt und — durch dieselbe Handlung — den Königsfrieden gebrochen habe. Ließen sich beide Parteien in den Prozeß ein, folgte der nach strikten Regeln durchgeführten mündlichen Verhandlung der Urteilsspruch des Gerichts. Darin entschied es nicht unmittelbar über die Frage, ob die von dem Kläger vorgetragenen Ansprüche begründet waren, sondern darüber, ob das tatsächliche Geschehen den Erlaß des Rechtsbefehls, den das breve der Kanzlei enthielt, rechtfertigte oder nicht[3]. Auf die Prozeßbegründung durch die brevia originalia gehen die Namen der überlieferten Klagen zurück, z. B. writ of right, writ of debt, writ of trespass[4].

2. Für verschiedenartige vermögensrechtliche Streitigkeiten, an deren Beilegung die Krone ein Interesse hatte, stand daneben ein zweiter Weg zu den königlichen Gerichten offen. Statt zunächst die Kanzlei um die Ausstellung eines original writ zu ersuchen, oder wenn der konkrete Fall in keines der zur Verfügung stehenden, inhaltlich eng be-

---

[3] Aus diesem Blickwinkel betrachtet, stellt sich der englische Writprozeß des Mittelalters, wie u. a. *David-Grasmann*, Einführung in die großen Rechtssysteme der Gegenwart 330 mit Recht annehmen, als ein der Form nach verwaltungsgerichtliches Verfahren — Bestätigung bzw. Aufhebung eines von einer Verwaltungsbehörde (der Chancery) erlassenen Verwaltungsakts (des writ) — dar, bei dem allerdings der Kläger die Bestätigung und der Beklagte die Aufhebung anstrebte.

[4] Näheres zu dem von strengen Formvorschriften beherrschten Writsystem, dessen Anfänge bis vor die Regierungszeit Heinrichs II. zurückreichen, das in der Folgezeit, bis zur Mitte des 13. Jahrhunderts, rasch an Bedeutung gewann und das eng verknüpft ist mit der Ausdehnung der königlichen Gerichtsbarkeit auf Kosten der Jurisdiktion der lokalen Spruchkammern, mit dem Entstehen des common law Englands und mit der frühen Zentralisierung der staatlichen Herrschaftsgewalt in den Händen der englischen Könige, statt vieler bei *van Caenegem* 105 ff.; *Peter* 18 ff.; jeweils mit reichhaltigen Hinweisen. Zu der Gruppe der quare-actions vgl. *Plucknett*, History 366 ff. mit weit. Nachw. auf S. 371 Fußn. 1.

grenzten Formelmuster (brevia de cursu) paßte[5] und der Kanzler die Gewährung eines neuen, auf den vorliegenden Einzelfall zugeschnittenen writ (breve magistrale[6]) bzw. die Ausweitung eines der gebräuchlichen Klageformeln ablehnte, konnte sich der Geschädigte mit seiner Bitte um Rechtsschutz unmittelbar an die königlichen Richter, in der Praxis meist die Reiserichter (justices in eyre), wenden und ihnen seine Beschwerde (lat. querela oder, falls in schriftlicher Form, billa; engl. complaint, bill) vortragen. Das Gericht — nicht die Chancery — wies darauf, durch Vermittlung des Sheriffs, den Gegner an, auf dem nächsten Gerichtstag zu erscheinen und dem Beschwerdeführer für sein Verhalten Rede und Antwort zu stehen. Solche durch querelae eröffneten Klageverfahren, die die curia regis von örtlichen Spruchkammern übernommen hat und die ihrerseits von manchen als Vorläufer der durch brevia originalia eingeleiteten quare-actions angesehen werden[7], zeichneten sich in der Regel durch weitgehende Formlosigkeit und Flexibilität aus. Bestimmte Beschwerdeformen allerdings — vor allem solche, die sich auf nicht nur geringfügige Unrechtstaten gegen Bürger niederen Standes, denen es an Geldmitteln oder Einfluß für die Beschaffung eines breve fehlte, stützten — gelangten im Laufe der Zeit in so reicher Anzahl vor die königlichen Gerichte, daß sich ihr Verfahrensgang zusehends verfestigte und sie unausweichlich einige der mit den Writprozessen verbundenen Formalitäten übernahmen[8].

3. Der Verfolgung schwerer, einen Bruch des Königsfriedens darstellender und deshalb in die königliche Gerichtsbarkeit fallender Verbrechen, der sogenannten felonies wie Mord (homicide), Brandstiftung (arson), Notzucht (rape), Hausfriedensbruch (burglary) und Raub (robbery), dienten schließlich die Kriminalstrafverfahren (actiones criminales). Sie wurden entweder durch private Anklage (lat. appellum, engl. appeal, daher: appeal of homicide, arson etc.) des Verletzten, der als formales Beweismittel einen Zweikampf anbieten mußte, eingeleitet, oder — erstmals seit der Assise von Clarendon (1166), seit Ende der Regierungszeit Heinrichs II. in schnell zunehmendem Maße — von Amts

---

[5] In einer aus der Zeit um 1250 stammenden, handschriftlich erhaltenen Formelsammlung (register of writs), welche die Kanzleibeamten ihrer Tätigkeit zugrundezulegen pflegten, sind 121 brevia verzeichnet; vgl. *Maitland*, 3 Harvard L. R. (1889/90) 169 ff.
[6] Zu der Unterscheidung von brevia de cursu und brevia magistralia vgl. *Bracton* fol. 413 b und *Holdsworth*, H. E. L. II 245 f.
[7] Zum Beispiel *Plucknett*, History 379 f.; *Fifoot* 53 f.; vgl. auch *Milsom*, 74 L. Q. R. (1958) 223 f., 583 ff.
[8] Über das querela-Verfahren, das *Bracton* trotz seiner Feststellung „Non potest quis sine brevi agere" (fol. 413 b) wohl bekannt war, grundlegend *Richardson/Sayles*, Select Cases of Procedure without Writ under Henry III, passim, bes. XIII f., XXIII ff.; LX ff.; vgl. auch *Hollond*, 8 Cambridge L. J. (1944) 252 ff.; *Fifoot* 51 ff.; *van Caenegem* 50; *Plucknett*, History 370 f. mit weit. Nachw.

3. Kap.: Actio in rem und actio in personam in Bractons Traktat

wegen durch ein dem karolingischen nachgebildeten Rügeverfahren (indictment) der Anklagejury (grand jury oder jury of presentment) als staatlicher Strafverfolgungsbehörde in Gang gesetzt. Die Strafen, die den im gerichtlichen Zweikampf unterlegenen bzw. von der mit seiner Einwilligung berufenen Beweis- und Urteilsjury (petty jury) schuldig gesprochenen Missetäter erwarteten, waren streng, nämlich in der Regel Todesstrafe oder verstümmelnde Strafen, deren Vollzug häufig grausame Formen annahm. Seine Liegenschaften fielen an den Lehnsherrn zurück, das übrige Vermögen konfiszierte die Krone[9].

II. Worin sieht Bracton nun die Unterschiede zwischen den Kategorien actiones reales und personales, unter die er in seinem Tractatus — wie noch zu zeigen sein wird — die erwähnten, sich nicht nur hinsichtlich Einzelheiten stark voneinander abhebenden Verfahrensarten einordnet? Deckt sich seine Einteilung mit dem römischrechtlichen Vorbild oder ergeben sich Abweichungen?

Ein Blick auf die uns vorliegende Literatur bietet ein uneinheitliches Bild. Einige Autoren beschränken sich auf die Feststellung, daß die real und personal actions des common law historisch auf das römische Recht zurückgingen und Bracton den Gegensatz dem Corpus iuris Justinians bzw. Azos Institutionensumme entlehnt habe, wobei sie stillschweigend vorauszusetzen scheinen, daß das Begriffspaar keine Umbildung erfahren hat[10].

Nach einer Äußerung von Travers Twiss entsprechen beide Klassifikationen einander[11]. Holdsworth meint, die actiones in rem böten Bracton wenig Schwierigkeiten, und: „The real action of English law is essentially the same as the real action of Roman law[12]." Auch Buckland geht davon aus, daß das englische Recht im Mittelalter real actions im Sinne der römischen actiones in rem besaß[13]. Gemäß Vinogradoff[14] stimmten englische und römische Juristen darin überein, daß real

---

[9] Vgl. insgesamt dazu *Brunner*, Entstehung der Schwurgerichte 459 ff.; *Pollock/Maitland* I 151 ff., II 462 ff., 647 ff.; *Holdsworth*, H. E. L. 321 ff., 256 ff., 278.

[10] *Güterbock* 118 ff.; *Kantorowicz* 99 ff.; *Richardson* 22 ff., 55; einschränkend: *Scrutton*, 1 L. Q. R. (1885) 438.

[11] Einführung in den 2. Bd. seiner Ausgabe Bractons, S. XXXI: „... this threefold division (real, personal, mixed) ... (is) ... in accordance with the Roman Law."

[12] *Holdsworth*, H. E. L. II 278.

[13] *Buckland*, Some Reflections in Jurisprudence 105: „As a result of historical accident we no longer have in our law real actions in the Roman sense, but we once had them, ..."; ähnlich *Buckland/McNair*, Roman Law and Common Law 66: „No doubt there were in our early law real actions in the Roman sense, actions in which the plaintiff had to allege and prove ownership of some sort: the proceedings based on a writ of right"; vgl. aber auch unten S. 40 Fußn. 22.

[14] *Vinogradoff*, Roman Law in Medieval Europe 114.

3. Kap.: Actio in rem und actio in personam in Bractons Traktat

actions wie actiones in rem darauf abzielten, Eigentum an einer bestimmten Sache durchzusetzen, während personal actions — actiones in personam — Ansprüche gegen eine Person geltend machten. Und weiter: „The question of obtaining a specific object does not arise in the latter case. It is the value claimed that is of importance."

Hinsichtlich des römischen Rechts sei vorab zweierlei kritisch angemerkt. Erstens: Twiss gründet sein Urteil auf die Annahme, daß in beiden Rechtssystemen die actio in rem auf unbewegliches Vermögen oder ein identisches Recht (a right identical to it), die actio in personam auf eine bewegliche Sache oder Schadensersatz gehe[15]. Diese Auffassung trifft, wie wir oben gesehen haben, jedenfalls für das römische Recht nicht zu. Zweitens: Soweit Vinogradoff Naturalrestitution und Wertersatz zum Kriterium der Klagegruppen erhebt, ist dem allein — was das römische Recht betrifft — für die nachklassische Zeit zuzustimmen. Im klassischen Recht herrscht in beiden Aktionengruppen das Prinzip der Geldverurteilung, im justinianischen Recht können actiones in rem wie in personam gleichermaßen auf Sach- oder Geldleistungen gerichtet sein[16].

Eine grundsätzlich andere Meinung als die bisher erwähnten Autoren vertritt Williams[17]. In Bractons Werk finde das Begriffspaar zwar manchmal in ähnlichem Sinne Verwendung wie im römischen Recht, bei dem das Wesen der Unterscheidung „in the nature of the right asserted" gelegen habe. Zumeist aber sehe Bracton — und seitdem unverändert die Juristen des common law — das Klageziel (the relief afforded = das, was der Kläger im Falle des Obsiegens tatsächlich durchsetzen kann) verbunden mit einem entsprechenden Vollstreckungsverfahren (process of execution) als entscheidenden Test an. Eine real action ziele auf Naturalrestitution ab, wobei die Sache selbst der Vollstreckung unterliege. In einer personal action sei dagegen nur eine Geldzahlung zu erzwingen, das Vollstreckungsverfahren richte sich persönlich gegen den Beklagten. Unklar bleibt bei Williams, ob er unter dem „process of execution" den „mesne process"[18], also das Verfahren infolge Säumnis des Beklagten, den „final process"[19], d. h. das Vollstreckungsverfahren im Anschluß an ein Endurteil, oder ohne Differenzierung beide versteht.

---

[15] *Bracton*, Twiss ed., vol. II p. XXX.
[16] Vgl. zum klass. R. oben S. 29 f.; zum justinian. R. oben S. 34.
[17] 4 L. Q. R. (1888) 394 ff.; ihm folgend: *Schirrmeister*, Das Bürgerliche Recht Englands I 141 f.; *Paton*, Jurisprudence 464; *Potter*, Historical Introduction to English Law and its Institutions 301 Fußn. 301; im wesentlichen auch *Plucknett*, History 375 f.; *Salmond*, Jurisprudence 460.
[18] Auf den mesne process geht *Williams* auf S. 400 f. ein.
[19] Dafür sprechen z. B. die Ausführungen auf S. 403 über den personalen Charakter des writ of detinue.

3. Kap.: Actio in rem und actio in personam in Bractons Traktat

Gegen die Ansicht Williams' wiederum stellt sich Maitland[20]. Bracton habe sich im römischen Recht zu gut ausgekannt, als daß er eine action als „real" bezeichnen würde, nur weil sie dem Kläger zum Besitz einer spezifischen Sache verhelfe. Das Kriterium habe Bracton vielmehr in dem „mesne process" gesehen. Als Beweis führt Maitland die Klage zur Wiedererlangung eigenmächtig entzogener Gewere an einem Grundstück (lat. breve de nova desaisina, engl. writ of novel disseisin oder assize of novel disseisin) an[21]: obwohl sie auf Naturalrestitution abziele, rechne Bracton sie deshalb zu den personal actions, weil der mesne process sich gegen die Person des Beklagten richte. In der späteren Entwicklung des common law, räumt Maitland ein, habe sich mit dem Sinken des Einflusses des römischen Rechts das Klagziel (relief) als Kriterium durchgesetzt: „... an action is real, if it gives the person the very thing that he wants[22]."

III. Wenden wir unsere Aufmerksamkeit Bractons Werk selbst zu. Allein, hier beginnen die Schwierigkeiten: auf welche Fassung des Tractatus sollen wir den Blick richten? Maitland, der mit Bractons romanistischen Kenntnissen hart ins Gericht ging[23], äußerte sein häufig zitiertes, unzweideutiges Urteil unter dem weniger bekannten Vorbehalt: „Before an unfavourable judgment is given it will be right for them (nämlich die Leser Bractons) to remember that they may not yet be reading what Bracton really wrote[24]." Textkritische Untersuchungen neueren Datums haben ergeben, daß sich bereits bei den ältesten erhaltenen Manuskripten aus dem 13. und 14. Jahrhundert zahlreiche sinnentstellende Fehler und Wortverdrehungen vor allem in die vom römi-

---

[20] The Forms of Action at Common Law 71 ff.; vgl. ferner Bracton's Note Book I 135 Fußn. 1; *Pollock/Maitland* II 570; ihm folgt ausdrücklich *Holdsworth*, H. E. L. III 3 f.; ebenso, jedoch ohne M. zu zitieren: *Phillips* 239.

[21] Näheres zu diesem häufig verwandten writ, das sich nach neuerer Ansicht parallel der kanonischen actio spolii aus einer ursprünglich außergerichtlichen, von Staats wegen eingeleiteten Maßnahme zum Schutz tatsächlicher Sachherrschaft entwickelt hat, bei *van Caenegem* 261 ff.; 387 ff. mit umfangreichen Literaturangaben; vgl. ferner *Holdsworth*, H. E. L. III 8 ff.; *Simpson*, An Introduction to the History of Land Law 27 ff.; *Peter* 41 f.; *Milsom*, Einleitung zu Pollock/Maitland LXXXVI ff.

[22] Forms of Action 77. Insoweit übereinstimmend *Buckland/McNair*, die nach der Feststellung, daß es im frühen common law wohl actiones in rem im römischen Sinn gegeben habe, auf S. 66 fortfahren: „But in general when our old lawyers speak of real actions they mean actions in which the plaintiff seeks to recover the thing itself, and not merely compensation for a breach of right, and such actions need not be real actions in the Roman sense at all."

[23] Bracton and Azo XVII ff. und passim; z. B. S. XVIII f.: Der Unterschied zwischen *Bracton* und *Azo* sei „between a low third class and a high first".

[24] Bracton and Azo XVII. Den Text Bractons, den *Maitland* für die Gegenüberstellung mit *Azos* Summen heranzog, entnahm er einer aus der Zeit um 1300 stammenden, in der Oxforder Bodleian Bibliothek aufbewahrten Handschrift, dem sog. MS Digby 222, auf das sich auch Woodbine in seiner Ausgabe Bractons maßgeblich stützt.

schen Recht beeinflußten Teile eingeschlichen haben, daß Bögen (peciae) verwechselt, als Vorlage dienende Handschriften vermischt, verwirrende Zusäze (addiciones) eingefügt und für ein Verständnis unerläßliche Passagen ausgelassen worden sind. Die rechtshistorische Diskussion um die ursprüngliche Form des Rechtsbuches ist daher nicht zur Ruhe gekommen. Im Mittelpunkt der Erörterungen steht seit der im Jahre 1941 posthum unter dem Titel „Bractonian Problems" veröffentlichten Abhandlung des Oxforder Rechtslehrers Kantorowicz die Frage, ob Bracton das ihm zugeschriebene Traktat überhaupt persönlich verfaßt hat, oder ob es auf der Grundlage privater Aufzeichnungen Bractons von einem zumindest des römischen Rechts nur wenig kundigen Redaktor ausgearbeitet und herausgegeben worden ist. Für den hypothetischen Redaktor treten neben Kantorowicz[25] grundsätzlich auch Schulz[26] und Plucknett[27] mit der Begründung ein, der vielseitig ausgebildete und befähigte Bracton könne für die meisten der groben Mängel nicht persönlich verantwortlich sein. Auf der anderen Seite lehnen Woodbine[28] und Richardson[29] die Zwischenschaltung eines Redaktors als willkürliche Erfindung und unnötige Erschwerung des Vorhabens, das bisher nicht entdeckte Original zu rekonstruieren, entschieden ab.

Mit Peter sei davon ausgegangen, daß sich zu dieser und anderen Fragen der Textkritik und Textrezension Bractons kein eigenes Urteil anmaßen darf, wer nur zu einem kleinen Teil des in jahrzehntelanger wissenschaftlicher Tätigkeit verarbeiteten Materials Zugang hat[30]. Eine Stellungnahme zu der Frage des Redaktors erscheint angesichts des eng abgesteckten Zweckes unserer Untersuchung auch nicht erforderlich. Es kommt hier nicht darauf an zu klären, ob die auf Sorgfaltlosigkeit und Unkenntnis beruhenden Ungereimtheiten von Bracton selbst stammen, oder ob ein Redaktor sie in die allein ihm vorliegenden Aufzeichnungen Bractons hineingetragen hat. Festzustellen gilt es vielmehr, mit welcher Bedeutung die Begriffe actiones reales und personales in dem Rechtsbuch, wer immer es in eine gebrauchsfertige Fassung gebracht und so einem schnell anwachsenden Leserkreis[31] zugänglich

---
[25] Bractonian Problems 36 ff.
[26] L. Q. R. 59 (1943) 172 ff.; Seminar II (1944) 42; Tradition III (1945) 287.
[27] Early English Legal Literature 71 ff.
[28] 52 Yale L. J. (1942/43) 439.
[29] Zuletzt in Bracton 37 ff.
[30] So *Peter*, ZRG 83 Germ. Abt. (1966) 404 f., in seiner Besprechung der jüngst erschienenen Schrift „Bracton. The Problem of his Text" von *H. G. Richardson*.
[31] *Kantorowicz* schätzt die Zahl der bis zum Ende der Regierungszeit Eduards III. (1327—1377) angefertigten Handschriften auf mindestens 300, was angesichts der hohen Kosten und der etwa drei- bis viermonatigen Herstellungsdauer einer Kopie ein bezeichnendes Licht auf die Begehrtheit und den Einfluß des Werkes wirft. Aus der Zeit um 1300 sind rund dreißig Handschriften erhalten; vgl. *Kantorowicz* 55 ff.

gemacht haben mag, verbunden wurden. Denn selbst wenn es den „archetype" (= aus der Hand des hypothetischen Redaktors stammender, gemeinsamer Vorläufer der überlieferten Manuskripte) gegeben hat, welcher nach Kantorowiczs Auffassung den fehlerfreien Urtext Bractons teilweise bis zur Unkenntlichkeit entstellt und verdorben hat, so war es doch jenes rasch verbreitete Muster, und nicht die persönliche Niederschrift Bractons, dem im späteren common law als book of authority der Charakter einer bindenden Rechtsquelle zugesprochen wurde und das die Klageeinteilung real, personal actions in das englische Recht einpflanzte. Der folgenden Darstellung sollen daher die klassischen, von Sir Travers Twiss in den Jahren 1878—83 und George E. Woodbine zwischen 1915 und 1942 besorgten Ausgaben des Tractatus, die letztlich auf die aus jener Zeit erhaltenen Manuskripte zurückgehen, zugrundegelegt werden[32].

IV. Ähnlich wie im römischen Recht die rei vindicatio einen hervorragenden Platz unter den actiones in rem einnimmt, rückt Bracton mit dem breve de recto (engl. writ of right) eine Musterklage in den Vordergrund der real actions[33]. Allein 117 Folien, also über ein Viertel des insgesamt 444 Folien umfassenden Gesamtwerkes, sind dieser Klage gewidmet, ohne daß Bracton ihre Beschreibung zu Ende geführt hat[34]. Klageberechtigt ist allein der Inhaber eines Freilehens (lat. liberum tenementum, engl. freehold tenement). Handelt es sich bei ihm um einen tenant in demesne, d. h. um einen mittelbaren Vasallen, der das letzte Glied der Lehnskette bildet und der das Besitzrecht an dem Lehnsgrundstück selbst innehat[35], so dient das breve de recto dazu, die von einer Drittperson vorenthaltene Liegenschaft zurückzuverlangen.

---

[32] Während *Woodbine* sich unmittelbar auf 46 der erhaltenen Handschriften stützt und sie für sein Vorhaben, die Originalfassung möglichst vollkommen wiederherzustellen, auswertet, greift *Twiss* maßgeblich auf die erste gedruckte Ausgabe Bractons (veröffentlicht von *Tottel* im Jahre 1569) zurück, die ihrerseits an die älteren Manuskripte anknüpft. Zur Kritik der Ausgaben vgl. *Kantorowicz* 127 ff.; *Schulz*, 59 L. Q. R. (1943) 172; *Richardson* chapt. 2. — Die Zitate der vorliegenden Arbeit sind der im Juristischen Seminar der Universität Kiel vorhandenen Edition von *Sir Travers Twiss* entnommen, doch kann ebensogut die mir nur vorübergehend zugängliche Ausgabe *Woodbines* herangezogen werden. Ein Vergleich der einschlägigen Textstellen ergab keine für diese Arbeit bedeutsamen Abweichungen.
[33] Fol. 328: „Placitum (= breve) vero de recto ultimum sibi locum vendicat in ordine placitorum." Zum writ of right allg. vgl. *Bracton* fol. 327 b ff. (Wortlaut auf fol. 328); *Brunner*, Schwurgerichte 404 ff.; *Maitland*, Forms of Action 21 ff., 82 f. (Wortlaut); *Holdsworth*, H. E. L. II 190 ff.; III 5 ff.; *van Caenegem* 206 ff. (bes. zur Entstehungsgeschichte); *Simpson* 25 f.; *Peter* 21 ff., 39 ff. — Weitere Quellen- und Literaturnachweise, auch zu den im folgenden erwähnten Klagen, hat *Milsom* in seiner Einleitung zu dem 1968 erschienenen Neudruck von *Pollock/Maitland* auf S. LXXV ff. und S. LXXXIV ff. zusammengestellt.
[34] *Richardson* 56 f.
[35] Näheres zum Lehnswesen unten S. 47 f.

3. Kap.: Actio in rem und actio in personam in Bractons Traktat 43

Nimmt der Inhaber des Freilehens dagegen die Stellung eines mesne tenant, eines Zwischenherrn, ein, so kann er mit der Klage die seignories (= Lehnsleistungen seines Nachbeliehenen, etwa eine Geldrente) von dem Dritten, der sie sich widerrechtlich zugute kommen ließ, herausfordern. Als Unterfall des writ of right betrachtet Bracton das vor seiner Zeit selbständig behandelte breve „praecipe in capite", das im Gegensatz zu jenem nur den unmittelbaren Vasallen des Königs (lat. tenes in capite, engl. tenants in chief) zustand und, wenn der Beklagte dem darin enthaltenen Restitutionsbefehl nicht nachkam, nicht erst eine lokale Spruchkammer zwischenschaltete, sondern unmittelbar vor dem königlichen Gericht begann[36].

Zu den real actions zählt Bracton ferner beispielsweise die zahlreichen, der Form nach zu den writs „praecipe" gehörenden brevia de ingressu (writs of entry)[37], bei denen der Kläger Wiedereinräumung in den Besitz eines Grundstücks verlangt und sein Begehren ausschließlich auf einen bestimmten fehlerhaften Erwerbsgrund seitens des Gegners stützt.

Während die bisher genannten writs ausführlich besprochen sind, fehlt es dem zwar umfangreichen, aber unvollendet gebliebenen Werk[38] an einer systematischen, bis in die Einzelheiten gehenden Behandlung der personal actions. Nach Bractons Worten sind sie teils strafrechtlicher, teils zivilrechtlicher Natur: ... item earum quae sunt in personam alia criminalia et alia civilia,...[39]. Die Einstufung jener, der öffentlichen Kriminalstrafverfahren wegen Mordes, Brandstiftung, Notzucht etc.[40] unter die personal actions sollte eine von seinen Zeitgenossen und Nachfolgern nicht übernommene Besonderheit Bractons bleiben[41]. Auf

---

[36] Vgl. *Bracton* fol. 328 b; *Brunner*, Schwurgerichte 404 ff.; *Maitland*, Forms of Action 23 ff., 82; *Richardson/Sayles* XXII ff.; *van Caenegem* 234 ff.; *Peter* 23 f.
Schulz, 54 Juridical Review (1942) 1 ff. meint, daß das writ römischen Ursprungs ist, da es sich weitgehend mit dem Formular der evocationes des Libellprozesses decke; a. A. *van Caenegem* 122 ff.
[37] Fol. 104; 318, 318 b; zu den writs of entry allg. vgl. *Bracton* fol. 318 ff.; *Maitland*, Forms of Action 41 ff., 88 f.; *Pollock/Maitland* II 67 f.; *Holdsworth*, H. E. L. III 11 ff.; *Plucknett*, History 361 f.; *Potter* 506 ff.
[38] Vgl. *Kantorowicz* 22 f.; *Richardson* 10, 69 f., 89; *Holdsworth*, H. E. L. II 236.
[39] Fol. 101 b. Die anschließende Feststellung, daß alle Klagen ex maleficio Kriminalklagen seien, hat keine weitere Bedeutung und wird alsbald wieder aufgehoben: ... item illarum quae sunt in personam ex maleficio vel quasi, quaedam sunt criminales et quaedam civiles (fol. 102); dazu *Maitland*, Bracton and Azo 167 f.
[40] Zu den actiones criminales vgl. oben S. 37 f.
[41] Folgt man der Hypothese *Kunkels*, nach der Mord und andere gegen den einzelnen Rechtsgenossen gerichteten Kapitalverbrechen nach dem Strafprozeß der Zwölftafeln mittels einer legis actio in sacramento zu verfolgen waren (S. 98 f.; 111 ff.) und diese einen Unterfall der legis actio in personam darstellte (S. 137), so zeigt sich hier — besonders, was die durch

die inhaltliche Ausformung der Kategorie personal actions im späteren common law hinterließ sie daher keinen anhaltenden Eindruck.

Von den personal actions primär zivilrechtlicher Natur[42] erwähnt Bracton verschiedentlich, um nur einige wichtige Beispiele zu nennen[43]:

(1) das breve de debito (writ of debt) = Klage auf eine bestimmte Geldsumme aus ihrer Funktion nach unseren Darlehens-, Miet-, Bürgschafts- und Kaufverträgen entsprechenden Schuldverhältnissen, z. B. auf Rückgabe entliehenen Geldes, auf Zahlung des Kaufpreises, auf Erstattung der als Bürge verauslagten Aufwendungen, oder auf Begleichung von Mietrückständen[44];

(2) das breve de catallis reddendis (writ of detinue) = ursprünglich mit dem writ of debt ein einheitliches breve bildende Klage auf Restitution einer widerrechtlich vorenthaltenen beweglichen Sache (bzw. deren Geldwert), die der Kläger freiwillig im Wege eines bailment (Überlassung einer Sache unter gleichzeitiger Verpflichtung des Empfängers zur späteren Restitution, z. B. bei Ablauf der Leihzeit) einem anderen übergeben hat; zu Bractons Zeit war ein writ of detinue grundsätzlich nur gegen den bailee, nicht gegen einen Dritterwerber oder Finder gegeben[45];

(3) das breve de conventione (writ of covenant) = auf eine zahlenmäßig nicht genau bestimmte Geldsumme oder auf einen anderen Vermögensgegenstand gerichtete Klage, die zu Bractons Zeit noch nicht von dem — rund eine Generation später zwingend vorgeschriebenen — Formerfordernis einer versiegelten Urkunde (deed) belastet war; sie wurde hauptsächlich in zwei Fallgruppen verwandt: bei Landpachtvereinbarungen und bei einem sei es Fahrnis, sei es Liegenschaften betreffenden, vor der curia regis abgeschlossenen Vergleich (finalis concordia)[46];

(4) die actiones de transgressione vi et armis (trespass vi et armis) = teils durch brevia originalia, teils durch querelae eingeleitete, allge-

---

private Anklage eingeleiteten appeals of felony betrifft — allerdings eine Parallele zu dem (*Bracton* sicher nicht geläufigen) römischen Recht der vorklassischen Zeit.

[42] Zu strafrechtlichen Nebenfolgen vgl. unten S. 55 f.

[43] Sämtliche in Bracton's Note Book enthaltenen personal actions hat *Maitland* in seiner Ausgabe des Note Book, Bd. I, S. 186, zusammengestellt.

[44] Näheres zum writ of debt bei *van Caenegem* 254 ff. (bes. zur früheren Geschichte); *Salmond*, 3 L. Q. R. (1887) 166 ff.; *Pollock/Maitland* II 203 ff.; *Maitland*, Forms of Action 38, 48, 61 ff., 88 (Wortlaut); *Stone*, 36 L. Q. R. (1920) 61 ff.; *Fifoot* 217 ff.; *Rothoeft*, Zur Rückabwicklung des Schuldverhältnisses im Englischen Recht (nach Common Law) 6 ff.

[45] Vgl. *Ames*, 3 Harv. L. R. (1889/90) 33 ff.; *Holmes* 134, 142; *Holdsworth*, H. E. L. II 366; III 324 ff.; zu weiteren Anwendungsfällen *Fifoot* 26.

[46] Zum writ of covenant, das *Bracton* gelegentlich auch als in rem bezeichnet (z. B. fol. 439; dazu unten S. 62), vgl. *Salmond*, 3 L. Q. R. (1887) 169 ff.; *Maitland*, Forms of Action 48, 64, 88 (Wortlaut); *Holdsworth*, H. E. L. III 417 ff.; *Fifoot* 255 f.; *Rothoeft* 9 f.

meine Schadensersatzklagen wegen verschiedenartiger, die Erhaltung des Landfriedens gefährdender oder auf andere Weise in ein Interesse der Krone eingreifender unerlaubter Handlungen gegen eine Person, deren Fahrnis oder Ländereien[47]; sowie schließlich

(5) die actio furti (action for theft, Vorläufer des appeal of larceny) = vor einem Grafschaftsgericht oder unmittelbar vor der curia regis erhobene Diebstahlsklage, die primär auf öffentliche Bestrafung, in schweren Fällen Todesstrafe, gerichtet war; zumindest bis zur Regierungszeit Eduards I. (1272—1307) konnte der Kläger jedoch, indem er den Vorwurf des Diebstahlverbrechens in seiner Anklage fallen ließ („drop the words of felony") von der Einleitung eines öffentlichen Kriminalverfahrens absehen und statt dessen, ohne zuvor den Kanzler um die Ausstellung eines breve originale ersucht zu haben, von dem jeweiligen Besitzer, also auch einem mit dem Dieb nicht identischen Dritten, die entwendete oder auf andere Weise abhandengekommene Sache (res adirata) vindizieren[48].

In welche Kategorie das writ of novel disseisin (vgl. dazu oben S. 40 Fußn. 21) und die assisa mortis antecessoris (engl. assize of mort d'ancestor = Klage des Erben auf Einräumung des Besitzes an einem Grundstück, das der Erblasser in Eigengewere zu Lehen gehabt hatte) gehören, bleibt widersprüchlich; bald werden sie als „real", bald als „personal" eingestuft[49].

Als Beispiele für die actiones mixtae, die sich „tam in rem, quam in personam" richten, führt Bracton[50] nach römischem Vorbild[51] die allgemeine Teilungsklage (actio de communi dividundo), die Erbteilungsklage (actio familie heriscunde) und die Klage auf Grenzziehung zwi-

---

[47] *Bracton* fol. 159 b, 216 b, ausführlich *Milsom*, 74 L. Q. R. (1958) 195 ff.; 407 ff.; 561 ff.; ferner *Fifoot* 44 ff.; *Kielwein*, Die Straftaten gegen das Vermögen im Englischen Recht 33 ff.; *Peter* 25 f.; *Plucknett*, History 366 ff.

[48] Zur actio furti, deren Geschichte bis in die angelsächsische Periode des englischen Rechts zurückreicht und die *Glanvill* (X 15) unter dem Namen petitio rei ex causa furtiva abgehandelt hat, vgl. *Bracton* fol. 150 b ff.; *Pollock/Maitland* II 159 ff.; *Holdsworth*, H. E. L. II 111 ff.; 258; III 319 ff.; *Kielwein* 27 ff.; ferner *Ames*, Lectures on Legal History 80, nach dem die Herausgabe des res adirata nicht in specie durchsetzbar, sondern lediglich durch das Kriminalverfahren sanktioniert ist; gegen ihn *Holdsworth*, a.a.O., mit zahlreichen Quellennachweisen.

[49] Vgl. zur assize of novel disseisin: fol. 103 (in rem); fol. 104 (in rem); fol. 159 b. (realis); fol. 114 b und 161 b (personalis); fol. 103 b (in personam); vgl. zur assize of mort d'ancestor: (Text: fol 253 b; ausführliche Darstellung bei *van Caenegem* 316 ff.) fol. 104 (in rem); fol. 104 (ex quasi contractu, in personam).

[50] Fol. 102 b, 443 b, 444.

[51] Vgl. Inst. 4, 6, 20; 4, 17, 4—6; *Azo*, S. Inst. De actionibus 46, fol. 183; *ders.*, S. Inst. De officio iudiciis 3, fol. 186; *ders.*, S. Cod., fol. 44, 45, 46.

schen zwei aneinander stoßenden Liegenschaften (actio finium regundorum) an[52].

Mit den Unterschieden der Klagegruppen befaßt sich Bracton an verschiedenen Stellen, hauptsächlich im Rahmen der allgemeinen Analyse der Aktionen im Liber Tertius[53], bei der Darstellung einzelner Klagen, insbesondere des writ of right[54], und bei der kurzen Einführung in die personal und mixed actions in den Kapiteln 31—33 des fünften Buches, d. h. auf den letzten fünf Folien des gesamten Werkes[55].

V. In offenbarer Anknüpfung an die Institutionen[56] wählt Bracton zunächst das einem writ zugrundeliegende materielle Recht zum Kriterium der Klagegruppen. Eine personal action stütze sich auf einen Vertrag oder Quasivertrag, auf ein Delikt oder Quasidelikt[57]; der Kläger einer real action „contendat se habere ius, et inde esse dominum"[58].

1. Dem englischen Juristen des Mittelalters, gleich ob Richter, Rechtsbeistand oder -lehrer, ging es jedoch allein um die Durchsetzbarkeit spezifischer Klagen, nicht um materiellrechtliche Ansprüche. Er fragte nicht bewußt nach einer vorprozessualen Normenordnung, sondern statt dessen danach, ob der zugrundeliegende Sachverhalt dem Geschädigten die Aussicht verhieß, sein Begehren im Wege erlaubter Selbsthilfe oder mit Hilfe des Gerichts durchzusetzen. Ein Denken in mate-

---

[52] Zu den actiones mixtae in einem zweiten Sinn (sowohl rei persecutoriae als auch poenales) vgl. fol. 102 i. f. und unten S. 55 Fußn. 104.

[53] In diesem Teil stützt sich *Bracton* vornehmlich auf den sechsten Titel des vierten Buches der Institutionen, *Azos* Summe über die Institutionen und *Tankreds* Ordo justiciarius; vgl. dazu die Gegenüberstellungen bei *Maitland*, Bracton und Azo 134 ff., 165 ff., und *Richardson* 112 ff., 23 f.

[54] Fol. 364 b ff.

[55] Während *Nichols* (Britton I, Einführung S. XLV) und *Richardson* 57, 62 ff. annehmen, daß die erwähnten Kapitel einen mit dem vorangehenden Text nicht verbundenen Anhang darstellen, hält *Woodbine* (S. 57 des 1. Bandes seiner Ausgabe Bractons) es nicht für ausgeschlossen, daß sie einen neuen, ausführlichen Abschnitt „De actionibus personalibus et mixtis" einleiten sollten, zu dessen Fortsetzung *Bracton* aber, sei es aus Zeitgründen, sei es wegen mangelnden Interesses, nicht mehr gekommen sei. Ähnlich *Woodbine* beobachtete *Maitland*, Bracton und Azo XV: „(The last chapters) ... look like a fragment of a projected book on the Personal Actions."

[56] Inst. 4, 6, 1; vgl. auch D. 44, 7, 25; *Azo*, S. Inst. 4 De actionibus 12, fol. 182; *Maitland*, Bracton und Azo 165 ff.

[57] Fol. 101 b; 102; dazu *Kantorowicz* 99 f. — Liegt ein deliktischer Sachverhalt zugrunde, so steht es dem Verletzten grundsätzlich frei, „criminaliter", mit einem appeal of felony, oder „civiliter", etwa mit einer action for res adirata oder einem writ of trespass, gegen den Unrechtstäter vorzugehen. Hat er sich aber entschieden und eine der beiden Verfahrensarten eingeleitet, in die *Bracton* ja, wie wir oben S. 43 gesehen haben, den Kreis der personal actions unterteilt — insoweit ohne Vorbild im römischen Recht —, kann er zwar nicht vom strafrechtlichen in das zivilrechtliche, wohl aber vom zivil- in das strafrechtliche Verfahren umwechseln, was *Bracton* hinsichtlich des zweiten Falles kritisiert; vgl. fol. 101 b; ferner fol. 150 b.

[58] *Bracton* fol. 102.

riellrechtlichen Konzeptionen war ihm daher, wenn auch aus dem meist oberflächlichen Studium der römisch-kanonischen Rechtslehre nicht vollkommen fremd, so doch in der täglichen Praxis ungeläufig. In ihrer römischrechtlichen Bedeutung genommen entsprachen sie außerdem nicht dem derzeit geltenden, mittelalterlichen common law. So legten die königlichen Gerichte keineswegs dem irgendwie erklärten Parteiwillen die bindende Kraft eines Vertrages zu — wie Bracton praktisch selbst einräumen muß: mit lediglich in mündlicher Form abgeschlossenen Verträgen, die er als „stipulationes" bezeichnet, gäbe die curia regis sich nicht ab[59]. Der Gläubiger eines Kaufschuldverhältnisses hatte nur dann, wenn er zumindest teilweise seine eigene Leistung oder ein Haftgeld[60] erbracht oder wenn der Gegner eine versiegelte Schuldurkunde mitunterzeichnet hatte, einen vor der curia regis einklagbaren Anspruch[61]. Selbst in diesen Fällen gründete sich die Klagemöglichkeit aber nicht auf das Rechtsinstitut Vertrag, sondern auf den allgemeineren Rechtsgedanken, daß der Schuldner dem Gläubiger etwas unbefugt vorenthalte, was diesem von Rechts wegen zustehe und daher mit richterlicher Hilfe verschafft werden sollte[62].

Auch der Begriff des römischen, rein privatrechtlich verstandenen, ungeteilten und absoluten dominium — wie zumindest die Glossatoren ihn auffaßten — paßte nicht in das mittelalterliche englische Recht. An seiner Stelle stand bei Grundstücken ein mit öffentlichrechtlichen Elementen durchwirktes System lediglich relativ wirkender und inhaltlich abgestufter Lehnsberechtigungen, die ihrer Qualität (d. h. dem Umfang der Verfügungs- und Nutzungsrechte einerseits, sowie Dienstpflichten andererseits) nach in „tenures" (lat. tenementa) und ihrer Lebensdauer nach in „estates" aufgeteilt wurden[63]. An der Spitze der Lehnspyramide stand der König als „lord paramount". Direkt von der Krone belehnt

---

[59] fol. 99 b; 100.
[60] Das Haftgeld (engl. earnest, griech. arrha) ist eine von der Anzahlung auf den Kaufpreis zu unterscheidende, selbständige Leistung des Käufers. Ursprünglich bezweckte es allein, den Verkäufer zu veranlassen, über denselben Gegenstand bis zum Zahlungstermin nicht anderweitig zu verfügen; später bewirkte es die obligatorische Bindung beider Parteien, d. h. gab jeder einen Klageanspruch. Vgl. *Pollock/Maitland* II 208 f.; *Heusler*, Institutionen des Deutschen Privatrechts I 84 ff., II 253 ff.; ferner: § 336 BGB; art. 1590 c. c.
[61] Vgl. *Bracton*, fol. 61 b; ferner fol. 99—101 b; *Güterbock* 113 f.
[62] Vgl. insgesamt dazu *Salmond*, 3. L. Q. R. (1887) 166; *Holdsworth*, H. E. L. II 265, 276 f.; III 412 ff.; *Fifoot* 219 ff.; *Plucknett*, History 363; *Potter* 31; *Milsom*, Einleitung zu *Pollock/Maitland* LXVI ff.
[63] Vgl. dazu *Digby*, An Introduction to the History of the Law of Real Property 117 ff.; 134 ff.; *Bordwell*, 50 Iowa L. R. (1965) 677 ff., bes. 687 f., 710; *Pollock/Maitland* II 2 ff.; 10 ff.; *Lawson*, The Rational Strength of English Law 85 ff.; abweichend: *Honoré*, Ownership 109, 143 f., der zwar einräumt, daß man im Mittelalter schlecht von Eigentum im englischen Recht sprechen könne, aber andererseits die Lehre von den estates und den Begriff des dominium für miteinander vereinbar hält.

folgten die mächtigen Vasallen, die tenants in chief, welche die empfangenen Güter wiederum zu Lehen ausgeben und so die Stellung von Zwischenherren (mesne lords) erwerben konnten. Durch weitere Unterbelehnungen ließen sich beliebig viele Glieder in die Lehnskette einfügen. Den letzten Rang unter den freien Lehnsträgern schließlich nahmen die tenants in demesne ein. Sie übten die tatsächliche Sachherrschaft über das Lehnsgut, etwa eine Liegenschaft oder einzelne als Sachen aufgefaßte Rechte wie Ämter, Patronatsrechte, Rentenansprüche u. a., aus, hatten also „seisin of the land, offices, advowsons, rents" inne, während den Lehnsherrn „seisin of the seignories", d. h. „Besitz"- rechte an den Dienstleistungen ihrer unmittelbaren Lehnsuntergebenen, zustand. Bracton, der die Möglichkeit zeitlicher Aufgliederung des Grundbesitzes in „estates" zwar inhaltlich gekannt, ihr aber (noch) nicht in begrifflich klaren Formen Ausdruck verliehen hat und statt dessen der Vorstellung zeitlich unbeschränkter bzw. beschränkter Übertragung (unconditional bzw. conditional grant) eines vererblichen Lehnsgutes (lat. feodum, engl. fee) anhing[64], setzte nun das „fee pure" (später geläufiger Ausdruck: fee simple, lat. feodum simplex) eines tenant in demesne dem römischen dominium gleich[65]. Aber nicht nur jener, sondern auch der Inhaber eines tenementum ad terminum vitae (engl. life estate), das Bracton als ein von dem feodum des Veräußerers vorübergehend abgespaltetes Freilehen betrachtete, übte — gemessen an der Elle des dominium — die Funktionen eines unbeschränkten Eigentümers aus; nicht etwa nahm der life tenant, wie Bracton an einer Stelle meint, die Stellung eines bloßen usufructuarius im Sinne des klassischen und justinianischen Rechtes ein, dem lediglich ein ius in re aliena zustand[66]. Beide Freilehen waren frei übertragbar, beide unterlagen — zu Bractons Zeit — einem auch in die Substanz der Sache selbst eingreifenden Nutzungs- und Verwertungsrecht, beide genossen den gleichen Rechtsschutz; nur war das life estate nicht vererblich, sondern fiel mit dem Tode des Inhabers an den tenant in fee zurück[67].

Die Zuordnung beweglicher Güter (chattels) zur Person des Besitzers schließlich erreicht im common law des Mittelalters nicht die gleiche Intensität, wie sie im römischen dominium zum Ausdruck kam. Chattels und Geld waren gleichwertig und austauschbar, beide dienten nebeneinander als Zahlungsmittel. Nicht die Individualität einer beweglichen

---

[64] Vgl. *Simpson* 63 f.
[65] Z. B. fol. 46; 372 b; vgl. auch *Pollock/Maitland* II 2.
[66] Fol. 30 b.; *Pollock/Maitland* II 8 f.; zum usufructus in den verschiedenen Perioden der römischen Rechtsgeschichte vgl. *Kaser*, RP I § 106, S. S. 376 ff.; *ders.*, RP II § 247, S. 219 ff. (mit weiteren Hinweisen).
[67] Legen wir die romanistische Terminologie zugrunde, ließe sich das life estate also, insoweit dem usufructus des Vulgarrechts ähnlich, als auflösend bedingtes Eigentum auf Zeit (dominium utile) auffassen.

Sache fand Betonung, sondern wirtschaftlicher Wert und Umsatzfunktion standen im Vordergrund, was sich besonders im Rechtsschutz zeigte. Der „Eigentümer" konnte gegen den Finder, Entleiher oder Besitzstörer keine Herausgabe[68], sondern nur eine in Geld bemessene Ersatzleistung durchsetzen; gegen Dritte, z. B. den Erwerber des vom Entleiher weiterveräußerten Pferdes, standen ihm überhaupt keine Rechtsmittel zu. Geriet ihm also sein bewegliches Gut, gleich ob mit oder ohne Willen, aus der Hand, mußte er sich mit dem objektiven Geldwert als Ersatz zufrieden geben[69].

2. Läßt sich somit das mittelalterliche englische Recht nicht ohne weiteres in die von Bracton zu Kriterien der Klageeinteilung erkorenen materiellrechtlichen Institute des römischen Rechts hineinzwängen, so kommt es nicht überraschend, wenn Bracton bei der Eingruppierung der einzelnen actions nach diesen Kriterien sich alsbald in unlösbare Widersprüche verwickelt. Der actio vi bonorum raptorum (engl. action for robbery) liegt im Unterschied zu der im übrigen eng verwandten actio furti, die einen heimlichen Diebstahl ahndet, ein in aller Öffentlichkeit begangener Raub zugrunde; gemeinsam ist beiden Klagen insbesondere die dem Geschädigten eingeräumte Möglichkeit, unter Verzicht auf eine öffentliche Strafverfolgung des Deliktstäters die Herausgabe der ‚res adirata' durchzusetzen[70]. Während nun Bracton, bzw. der Redaktor des Traktats, erstere insoweit in rem nennt, als sie dem Betroffenen wieder zum Besitz an dem geraubten Gut verhilft, stuft er letztere als schlechthin personalis ein[71], obwohl sie dem Kläger die Rechtsmacht verleiht, die abhandengekommene Sache nicht nur bis in die Hände des Diebes, sondern auch — und in solchen Fällen könnte er sich zur Begründung allein auf sein dominium, nicht auf ein maleficium, berufen — in die eines gutgläubigen Dritterwerbers oder Finders[72] zu

---

[68] *Bracton* fol. 102. — Ausnahmen bildeten zeitweise die actio furti und die actio vi bonorum raptorum (engl. action for robbery oder appeal of robbery), mit denen weggenommene Sachen sowohl vom Dieb, als auch von jedem späteren Besitzer zurückverlangt werden konnten, vgl. oben S. 45 und unten S. 56; ferner *Potter* 397 ff.
[69] *Pollock/Maitland* II 176 ff., 182. *Maitland*, Bracton and Azo 172 f.
[70] Vgl. *Pollock/Maitland* II 553 f.; *Holdsworth*, H. E. L. III 319 ff.; *Potter* 397 f.
[71] Fol. 102; dazu *Kantorowicz* 99 ff.
[72] Belege bei *Holdsworth*, H. E. L. III 321. Später, während der Regierungszeit Eduards I. oder II., als sich die Diebstahlsklage einem reinen Kriminalverfahren näherte und das Gericht nicht mehr statt, sondern allenfalls — bei Klageerhebung im Wege eines appeal bereits zu Bractons Zeit, bei einem indictment-Verfahren seit dem Statute 21 Hen. VIII, cap. 11 aus dem Jahre 1529 — *nach* der Strafverurteilung des Diebes die Rückgabe der bei diesem aufgespürten Sache verfügte, schufen die königlichen Kanzleibeamten durch die Ausweitung des writ of detinue teilweisen Ersatz: mit der Variante „detinue sur trover" konnte der Eigentümer beweglichen Guts von dem Finder Aushändigung der Sache bzw. Entschädigung in Geld verlangen; vgl. ebd. 324 ff.; *Pollock/Maitland* II 165, 175.

verfolgen. Bei dem writ of novel disseisin fallen in diesem Zusammenhang zwei Unstimmigkeiten auf. Bracton sieht den Klagegrund in einem Delikt[73]; dennoch findet man es verschiedentlich in der Gruppe der real actions[74]. Außerdem läßt sich mit dem angeblich rein deliktischen Ursprung nicht begründen, warum in dem writ nicht nur vom Täter der unerlaubten Handlung, sondern auch von jedem Dritten die Gewere an dem Grundstück zurückverlangt werden kann. Dafür vermöchte allein Eigentum als Klagegrundlage eine Erklärung zu liefern. Als ganz unverständlich erscheint es schließlich, aus welchem Grund Bracton das writ of assize of mort d'ancestor, in dem ein Erbe ein Grundstück herausverlangt und sich dabei nicht auf eigene Gewere, sondern die des Erblassers stützt, als „ex quasi contractu" bezeichnete. Zu allem Überfluß nennt er dieselbe Klage im nächsten Atemzug trotzdem in rem[75] — ein weiteres Beispiel, auf das sich Kantorowicz für seine These des Redaktors berufen könnte.

Angesichts dieser Beispiele, die sich um weitere vermehren ließen[76], fällt uns — trotz der unmißverständlichen Formulierung auf fol. 102[77] — die Annahme schwer, daß Bracton in dem der Klage zugrundeliegenden materiellen Rechtsinstitut tatsächlich das entscheidende Kriterium für die Einteilung der actions gesehen hat, obwohl er sich damit in begrifflicher Übereinstimmung mit dem römischen Vorbild befunden hätte. Wenden wir daher unseren Blick den weiteren Unterschieden der Klagegruppen zu.

VI. Der zweite Maßstab, anhand dessen Bracton die Bereiche der real und personal actions voneinander absteckt, kam bereits zwischen den Zeilen der vorangehenden Ausführungen zum Vorschein. Er besteht in dem vom Kläger durchsetzbaren Klageziel oder -begehren (engl. relief). Von einem in rem Verklagten erzwingt das Recht danach, notfalls im Vollstreckungswege, die Herausgabe des beanspruchten Gegenstandes in specie. In einer personal action hingegen vermag der Beschwerdeführer, so offensichtlich seine Berechtigung an der Streitsache auch sein mochte, gegen einen widerspenstigen Gegner lediglich eine Geldzahlung durchzusetzen[78]. Während sich der obsiegende Kläger

---

[73] Fol. 103 b; 114; 161 b. *Woodbine* (ed.), Bracton III 18, hält die Passage auf fol. 161 b für eine nachträgliche Hinzufügung (addicio).
[74] Vgl. oben S. 45 Fußn. 49.
[75] Fol. 104.
[76] So stuft *Bracton* das breve de conventione, bei dem schon der Name auf die Vorstellung eines Vertrags als Klagegrundlage hinweist, dann als realis ein, wenn es sich auf eine Sachleistung richtet, vgl. fol. 439.
[77] Vgl. oben S. 46.
[78] Am klarsten: fol. 102 b: „... unde, quia non compellitur praecise ad rem quae petitur, erit actio in ipsam personam, cum implicitatus per solutionem tantundem possit liberari"; ferner fol. 102: Kläger einer actio in rem sei „quis petat ab alio rem certam, ..., et per sequatur rem illam, et non eius pretium, ...".

3. Kap.: Actio in rem und actio in personam in Bractons Traktat

in dem ersten Fall ein judicial writ[79] beschaffen kann, das den Sheriff anweist, ihn wieder in seinen Besitz einzuweisen, steht ihm in der letzteren Klagegruppe, den personal actions, die Fahrhabe oder die Grundstückserträge wie Ernte, Grundrenten etc. — dafür waren die writs of fieri facias bzw. levari facias gegeben — nicht aber, bis zur Herrschaft Eduards I., die Liegenschaften der unterlegenen Partei als Haftungssubstrat für seinen Urteilsanspruch zur Verfügung[80].

1. Richtet sich die Trennungslinie nach dem Inhalt des Klageziels, ordnet Bracton die meisten Klagen zutreffend in die Gruppe der personal actions ein[81]. Zu ihnen gehören die mannigfaltigen writs of trespass, mit denen sich die curia regis erstmals und nur vereinzelt zu Beginn des 13. Jahrhunderts beschäftigte, die während der Regierungszeit Heinrichs III. allmählich in Gebrauch kamen, um 1250, als Bracton sein Werk verfaßte, bereits häufig verwandt wurden[82] und im späteren common law ihr Anwendungsgebiet immer weiter auszudehnen vermochten. Verletzte etwa der Täter eine Person, kam — neben öffentlicher Strafe — allein in Geld zu leistender Schadensersatz in Betracht[83]. Die gleiche Rechtsfolge trat ein, wenn der Besitzer von Grund und Boden sich mit der Klageformel trespass quare clausum fregit gegen Besitzstörungen, z. B. unbefugtes Eindringen, Beschädigung eines Zaunes, zur Wehr setzte. Entwendete jemand eine fremde bewegliche Sache, so konnte der Geschädigte mit dem writ of trespass de bonis asportatis nicht etwa die Herausgabe des abhandengekommenen Gutes, sondern nur die Zahlung einer auf den Sachwert bemessenen Geldsumme verlangen[84].

---

[79] Judicial writs (lat. brevia iudicialia) hießen im Unterschied zu den prozeßeinleitenden original writs der Chancery die Befehle, die das Gericht im weiteren Verlauf des Verfahrens erließ; vgl. *van Caenegam* 111 ff.; kürzer *Peter* 19 m. w. Nachw.

[80] Vgl. *Pollock/Maitland* II 596 f.

[81] Vgl. dazu ausführlich *Williams*, 4 L. Q. R. (1888) 402 ff.

[82] Über den Ursprung der actions of trespass herrscht noch heute ein lebhafter Meinungsstreit; vgl. *Fifoot* 44 ff. und die dort zitierte Literatur; knapper: *Rothoeft* 18 Fußn. 1; seither noch *Hall*, 73 L. Q. R. (1957) 65 ff.; und besonders *Milsom*, 74 L. Q. R. (1958) 195 ff.; 223 f.; 407 ff.; 561 ff. (583 ff.), der die von *Plucknett* (History 370 f.) vorgebrachte, aber nicht bewiesene These ausbaut und mit reichhaltigen Quellenhinweisen belegt; nach dieser Auffassung hat sich die Gerichtsgewalt zur Aburteilung von „transgressiones" — ein Ausdruck, der seinerzeit sämtliche Unrechtshandlungen umfaßte — im 12. und 13. Jahrhundert zunehmend von den örtlichen Spruchkammern auf die königlichen Gerichte verlagert, wobei, neben Verfolgung ex officio, zunächst querelae, später für die gebräuchlicheren Fallgruppen auch brevia originalia als technische Mittel für die Ausdehnung der königlichen Jurisdiktion gedient haben.

[83] Dafür stand dem Verletzten das writ of trespass vi et armis in assault and battery zur Verfügung, vgl. *Milsom*, 74 L. Q. R. (1958) 207 ff.; *Potter* 400 ff.

[84] Bei einzelnen, besonderen Trepassvarianten setzte sich der Grundsatz allerdings endgültig erst im Laufe des 14. Jahrhunderts durch; vgl. *Milsom*, 74 L. Q. R. (1958) 409.

3. Kap.: Actio in rem und actio in personam in Bractons Traktat

Zu den personal actions zählt nach dem obigen Kriterium ferner die action of debt, in der der Kläger eine bestimmte Geldsumme aus einem Schuldverhältnis zuzüglich „damages", d. h. Zinsen[85], begehrte[86]; ebenso das writ of detinue, das — ähnlich den römischen actiones arbitrariae[87] — dem unterlegenen Beklagten zur Wahl stellte, entweder die ihm für eine bestimmte Zeit überlassenen (detinue sur bailment) bzw. von ihm gefundenen (detinue sur trover) Gegenstände herauszugeben, oder aber vom Kläger gezwungen zu werden, den Vermögensverlust durch eine Geldzahlung auszugleichen[88]. — Schwieriger läßt sich das durchsetzbare Klagebegehren im Falle eines zu den „quare-actions" gehörenden writ of replevin bestimmen, bei dem der Beschwerdeführer sich gegen eine widerrechtliche, zum Zwecke der Selbsthilfe durch Privatpfändung (engl. distress) erfolgte und häufig der Erzwingung von Feudaldiensten dienende Beschlagnahme beweglichen Gutes wandte[89]. Einerseits nämlich besaß der Sheriff die Rechtsmacht, vor dem Beginn des Hauptverfahrens, in dem die curia regis den Streit um die Berechtigung der Pfändung endgültig entschied, dem Kläger die Sache selbst zurückzuverschaffen, falls dieser eine ausreichende Sicherheitsleistung

---

[85] *Stone*, 36 L. Q. R. (1920) 62; vgl. auch art. 1153 c. c.: Zinsen (intérêts) als Schadensersatz (dommages-intérêts).

[86] Für die Entstehungszeit bis zu Glanvills Jahren müßte dem breve de debito, das zur gleichen Zeit wie das zu den realen Klagen gehörende breve praecipe quod reddat aufkam und diesem der äußeren Form nach sehr ähnlich war (vgl. *Maitland*, Forms of Action 38, 78, 82, 88), jedoch der Charakter einer actio realis zuerkannt werden, da man es ursprünglich als Klage auf Rückerstattung der spezifischen, entliehenen Geldstücke selbst verstanden hat, vgl. *Jenks* 58 f.

[87] Vgl. oben S. 29 f.; *Buckland/McNair* 412.

[88] *Bracton* fol. 102 b. Der Kläger ist deshalb auch, wie Bracton ebd. ausführt, gehalten, in seinem Rechtsschutzersuchen den Wert der Streitsache zu beziffern: „...debet in actione sua definire precium et sic proponere actionem suam." Der Grund für dieses Erfordernis mag ursprünglich, ähnlich wie bei den römischen Arbiträrklagen, in dem Bestreben gelegen haben, die Rechtshilfe zu vereinfachen, nämlich bei Untergang, Verschlechterung oder Unauffindbarkeit der Streitsache einen neuen, auf Schadensersatz gerichteten Prozeß zu vermeiden. Zu Glanvills Zeit (vgl. *Glanvill* X 13) brauchte sich der Kläger nicht mit einer Abfindung in Geld zu begnügen, solange der Gegenstand noch bei dem Gegner existierte. Wenn auch dem Beklagten in der ersten Hälfte des 13. Jahrhunderts die erwähnte Wahlmöglichkeit eingeräumt wurde, wogen die Nachteile der entsprechenden Regelung im klassischen römischen Recht insofern schwerer als im common law unter Heinrich III., als dort die clausula arbitraria gleichermaßen auf bewegliches *und* unbewegliches Vermögen Anwendung fand, während hier der lehnsrechtliche Besitz, d. h. in erster Linie der Grundbesitz, stets in specie herauszugeben war.

[89] Zum writ of replevin (lat. breve de averiis replegiandis) vgl. *Glanvill* XII 12 und 15; *Holdsworth*, H. E. L. III 283 ff.; *Sutton*, Personal Actions at Common Law 66 ff.; *Potter* 408 ff.; *Plucknett*, History 367 ff.; ferner die folg. Fußn. *Bracton* behandelt die Klage im Rahmen des Titels „De iniuriis" als einzigen Beispielsfall der „actio iniuriarum" auf fol. 155 b und 156 b, wobei er das von dem Lehnsmann erlittene Unrecht sowohl in der iniusta captio, als auch in der iniusta detentio sieht.

3. Kap.: Actio in rem und actio in personam in Bractons Traktat

(Pfänder, Bürgen) erbracht hatte und der Beklagte den Gegenstand nur zum Zweck der Sicherung seiner Forderungen, nicht als ihm gehörig, beanspruchte, bzw. der Sheriff in einem Zwischenverfahren (de proprietate probanda) feststellte, daß dem Beklagten lediglich Sicherungsrechte zustanden[90]. Andererseits aber hatte dieser es in der Hand, durch verschiedene, einfache Maßnahmen, z. B. indem er das Gut aus dem eng begrenzten Zuständigkeitsbereich des Sheriffs herausbrachte, die Restitution in specie zu vereiteln, so daß dem Beschwerdeführer in der Praxis als einziges mit Gewißheit zu erlangendes ‚Rechtsmittel' (remedy) eine Entschädigung in Geld blieb[91].

Da das writ of right und die writs of entry die widerrechtliche Inbesitznahme von Land rückgängig machen, stuft Bracton sie zu Recht als real actions ein.

Das Glanvill noch unbekannte, unter der Herrschaft Heinrichs III. vielfach benutzte breve de conventione läßt sich folgerichtig als realis oder personalis bezeichnen, je nachdem, ob es im Einzelfall auf eine Sach- oder Geldleistung abzielt[92]. Auch vermag das Klageziel als Kriterium einen Hinweis dafür zu liefern, wie die Widersprüche hinsichtlich des writ of assize of novel disseisin[93] zu erklären sind. Die Klage hat nämlich — außer öffentlicher Bestrafung des Besitzstörers — zweierlei zum Gegenstand[94]: (1) Rückgabe des Grundstücks samt noch vorhandener Erträge und (2) in Geld bemessener Ersatz des Schadens, den der Beklagte durch seine eigenmächtige Entwerung angerichtet hat. Die erste Komponente rechtfertigt die Bezeichnung als realis, während der personale Charakter aus der zweiten herzuleiten ist.

Die Bestimmung der actio realis als einer Klage auf einen spezifischen Gegenstand macht schließlich auch verständlich, aus welchem Grund Bracton bzw. sein Redaktor gelegentlich die real actions den actiones rei persecutoriae gleichstellt[95]. Das gibt Anlaß, kurz auf das eigentümliche Schicksal einzugehen, das der dem römischen Recht

---

[90] *Ames*, 3 Harvard L. R. (1889/90) 31 zieht daraus den Schluß, daß das writ of replevin im Gegensatz zu den Trespassklagen im Mittelalter zu den real actions gehörte. Er begründet seine Auffassung im Anschluß an eine Entscheidung von Chief Justice Newton aus dem Jahre 1440 (Year Book 19 Henry VI, 65 Pascha plea 5) weiter damit, daß „trespass presupposed the property in the defendant, whereas replevin assumed the property in the plaintiff, at the time of the action brought". Ebenso *Kielwein* 36 f.; vgl. auch *Bordwell*, 29 Harvard L. R. (1915/16) 374 ff. (387).
[91] So ausführlich *Williams*, 4 L. Q. R. (1888) 404; vgl. auch *Sutton* 66: „It took the shape of an action for damages for illegal taking and retaining of the goods and chattels of the plaintiff."
[92] Fol. 439 (in rem); fol. 100; 441 (personalis).
[93] Vgl. oben S. 45.
[94] *Bracton* fol. 161 b; 186 b ff.
[95] Vgl. fol. 102; 102 b; *Maitland*, Bracton and Azo 170. *Kantorowicz* 99 ff. hält die Gleichstellung auf fol. 102 für ein Werk des Redaktors.

entlehnte Gegensatz von actiones rei persequendae causa comparatae und poenae persequendae causa comparatae (auch: rem tantum — poenam tantum; rei persecutoriae — poenales, daraus dt. sachverfolgende Klagen — Strafklagen) in Bractons Rechtsbuch gefunden hat. Im klassischen und justinianischen Recht sollten erstere einen Vermögensausgleich bezwecken, der je nach den Umständen primär in Geld oder Naturalleistungen, sekundär häufig (in klassischer Zeit wegen des Prinzips der Geldverurteilung immer) in Geld zu erbringen war[96]; letzteren, den actiones poenales, wohnte statt der Ersatz- eine Straffunktion inne, sie waren auf eine stets in Geld bemessene Buße gerichtet, die ein zugefügtes Übel wiedergutmachen sollte. Ebenso wie jene einen Zivilprozeß einleitend, dienten diese im klassischen Recht als Mittel dazu, einen Teil der Unrechtstaten, nämlich alle eine Privatperson verletzenden Vergehen (delicta) wie iniuria, furtum und rapina im Gegensatz zu den gegen das Gemeinwesen gerichteten, von Staats wegen in öffentlichen Strafverfahren verfolgten Verbrechen (crimina) wie Landesverrat (perduellio), auf privatrechtlichem Wege zu ahnden, während Justinian die private Strafverfolgung lediglich bei einzelnen Delikten, darunter Diebstahl, Raub und leichteren Fällen von Ehrverletzungen, zuließ, und auch dann nur mit der staatlichen Verfolgung konkurrierend, hinter der sie an praktischer Bedeutung weit zurücktrat[97]. Zu Bractons Zeit gab es jedoch im common law Englands — ähnlich wie im römischen Recht der nachklassischen Periode[98] — keine Pönalklagen in diesem Sinn[99]. Trotzdem übernimmt Bracton den Gegensatz und verbindet ihn, sei es absichtlich, sei es infolge eines Mißverständnisses, mit einem anderen Bedeutungsgehalt. Die actiones rei persecutoriae werden — ganz dem Wortlaut entsprechend — zu Klagen auf Herausgabe einer bestimmten Sache[100]. Die Gleichstellung von sachverfolgenden und Realklagen ist folglich dann und nur dann gerechtfertigt und verständlich, wenn der Autor des Bracton'schen Werkes die real actions in der oben geschilderten Bedeutung, als Klagen auf einen spezifischen Gegenstand, verstanden hat.

---

[96] Zu ihnen gehören u. a. alle nichtdeliktischen Klagen, also auch die actiones in rem. Das scheint *Kantorowicz* 99 ff. bei der Rekonstruktion der seiner Auffassung nach fehlerfreies römisches Recht wiedergebenden, ursprünglichen Fassung Bractons zu übersehen, in der die sachverfolgenden Klagen zu einer Untergruppe der actiones in personam absinken.

[97] Vgl. Inst. 4, 6, 16—19; *Kaser*, RP I § 117, S. 416 ff. und RP II § 270 II, S. 310 f.

[98] Vgl. dazu *Levy*, Weströmisches Vulgarrecht: Das Obligationenrecht 304 ff.

[99] Eine Änderung brachte erst die Gesetzgebung unter Eduard I. herbei, vgl. *Pollock/Maitland* II 522.

[100] Vgl. fol. 102, 102 b. — In diesem Sinn verwendet übrigens auch *Maitland*, seinerseits an Bracton anknüpfend, den Begriff „rei persecutoriae", vgl. 3 Harv. L. R. (1889/90) 178 und *Pollock/Maitland* II 166, 167, 534.

3. Kap.: Actio in rem und actio in personam in Bractons Traktat

Anders hingegen die actiones poenales. Soweit Bracton sie als in personam bezeichnet[101], kann er sich nicht auf die Natur des „relief" als Kriterium berufen. Denn die actiones poenales werden in dem Tractatus, ebenfalls dem Wortsinn folgend, zu „Straf"-Klagen, wobei unter Strafe (poena) jedoch nicht zivilrechtliche Buße, sondern öffentliche Kriminalstrafe zu verstehen ist — unabhängig davon, ob sie in einem Straf- oder Zivilprozeß verhängt wird. In der Tat besaßen im mittelalterlichen common law sämtliche Klageverfahren eine pönale Seite[102]. Der in einem appeal- oder indictment-Verfahren überführte felon wurde, wie wir gesehen haben, streng und grausam, in der Regel mit dem Tode bestraft. Aber auch zivilrechtlich verfolgbare Verstöße wie unbefugte Entwerung, widerrechtliche Vorenthaltung beweglichen Guts, Nichterfüllung förmlich abgegebener Schuldversprechen etc. galten als strafwürdige Rechtsbrüche. Allerdings waren die Strafen leichterer Art: Sühneleistung an den Gerichtsherrn (lat. amerciamentum, engl. amercement) oder Gefängnisstrafe (imprisonment), von der sich der Beklagte durch die Zahlung eines Lösegeldes (fine) freikaufen konnte. So wurde beispielsweise ein trespasser grundsätzlich inhaftiert, bis er die Lösesumme, deren häufig beträchtliche Höhe das Gericht je nach der Schwere des zugefügten Unrechts festsetzte, zu erbringen oder zumindest ausreichende Sicherheiten (Pfänder, Bürgen) zu stellen vermochte[103]. Hinter Bractons Formulierung, eine Klage wie die action for robbery sei hinsichtlich ihrer pönalen Seite eine actio personalis, steht demnach nicht der Gesichtspunkt des Klageziels (Geld); offensichtlich spielt statt dessen der Gedanke eine Rolle, daß ein gerichtlicher Strafausspruch allein die Person des Rechtsbrechers ergreift, also im natürlichen Sinne des Wortes „in personam" wirkt, während bei einem Herausgabeurteil das rechtliche Schicksal der umstrittenen Sache, nicht die unterlegene Prozeßpartei, im Vordergrund steht[104, 105].

---

[101] Z. B. fol. 102; 102 b.

[102] Vgl. dazu *Pollock/Maitland* II 513 ff., 519, 572 f.; *Holdsworth*, H. E. L. II 365.

[103] Vgl. ferner fol. 186 b i. f. und 187, wo *Bracton* auf die dreifache öffentliche Strafe (poena triplex) eingeht, die in einem zuvor, auf fol. 161, als u. a. poenalis charakterisierten writ of novel disseisin ausgesprochen wurde.

[104] Vgl. die Ausführungen auf fol. 102, nach denen *Bracton* die action for robbery deshalb für eine gemischte Klage hält, weil sie gleichermaßen auf Bestrafung des Räubers (daher: poenalis und in personam) wie auf Restitution der Sache von einem Dritten (daher: rei persecutoria, in rem) gehen könne; ähnlich fol. 102 b.

[105] Die Tatsache, daß das common law zur Zeit Bractons keine actiones poenales im römischen Sinn kannte, spricht auch für den von *Maitland* (Bracton and Azo 176) geäußerten Verdacht, daß *Bracton* die ebenfalls aus dem römischen Recht entlehnte Unterteilung von actiones in simplum, in duplum, in triplum, in quadruplum conceptae (Inst. 4, 6, 21—27; *Azo*, S. Inst. De actionibus 52, fol. 184) nicht in ihrer ursprünglichen Bedeutung verstanden, sondern statt des jeweiligen Vielfachen des entstandenen Schadens die

Außerdem läßt der Inhalt des Klageziels als Unterscheidungsmerkmal der real und personal actions die Frage offen, warum Bracton die action for theft als reine actio personalis aufführt[106]. Diese Klage leitet — wie wir oben S. 45 gesehen haben — primär ein öffentliches Kriminalverfahren ein; verzichtet der Geschädigte aber auf die Strafverfolgung, kann er zu Bractons Zeit die Rückgabe des ihm ohne seinen Willen aus der Hand geratenen Gutes selbst erreichen, und zwar sowohl von dem Dieb als auch von jedem Dritten. Auf eine Geldsumme geht die Klage jedoch in keinem Fall[107]. Der Grund für die Einreihung der action for theft unter die personal actions könnte in ihrer deliktischen Klagegrundlage, in ihrem pönalen Bestandteil, aber auch darin liegen, daß Bracton unter der ‚actio furti' bei der einleitenden Übersicht über die actiones personales im Lib. III cap. III § 2 (fol. 102) nicht die später (fol. 150 b ff.) ausführlich besprochene, auf eine alte englische Tradition zurückblickende action for theft (lat. actio furti) verstand, sondern sich von der andersartigen römischen actio furti irreleiten ließ. Dafür spricht, daß Bracton in Übereinstimmung mit den Institutionen 4, 6, 18 und Azos Summa Inst., De actionibus 49, die ‚actio furti' als Muster der reinen actiones poenae persequendae causa comparatae aufführt, obwohl die englische action for theft außer auf Bestrafung des Diebes auch auf Verfolgung der res adirata gerichtet sein kann.

2. Auch soweit Bracton mit den real actions den Gedanken der Naturalrestitution und mit den personal actions die Idee des Geldersatzes verknüpft, besitzt seine Einteilung eine Parallele im römischen Recht, allerdings nicht im Recht der klassischen oder justinianischen, sondern in dem der nachklassischen Periode[108]. Hier wie dort bestimmt der Inhalt des Leistungsbegehrens — Geld einerseits, sonstiger Vermögensgegenstand andererseits — die Eigenart der Klagegruppen. Die Möglichkeit, daß es sich dabei lediglich um eine zufällige, äußere Ähnlichkeit handelt, läßt sich zwar nicht ausschließen. Da Bracton aber den Codex Justinians häufig benutzt hat[109] und, wie Plucknett aufgrund seiner Studien über Bracton bemerkt[110], die Summa Codicis von Azo ständig unter dem Arm getragen haben muß, erscheint eine unmittelbare Beeinflussung durch die im Codex aufgenommenen Schriften der Nachklassiker als durchaus möglich. Allerdings ist ein gewichtiger

---

Anzahl der Beklagten zum Kriterium gemacht hat (vgl. fol. 103); a. A. *Kantorowicz* 122 ff.

[106] Fol. 102.
[107] *Bracton* fol. 150 b, 151 b, 140 b; *Pollock/Maitland* II 159 ff. (161); *Holdsworth*, H. E. L. III 320 f.
[108] Zum nachklassischen Recht, insb. den einschlägigen Codexstellen, vgl. oben S. 31 ff.
[109] Vgl. die Nachweise bei *Güterbock* 26 f., bes. Fußn. 45 II.
[110] Early English Legal Literature 53; vgl. außerdem die oben S. 20 Fußn. 16 zitierte Literatur.

3. Kap.: Actio in rem und actio in personam in Bractons Traktat 57

Unterschied zu vermerken. Als Objekt, das der Beklagte restituieren mußte, kam im common law Englands in der Regel nur lehnsrechtlicher (meist Grund-) Besitz in Betracht[111], während im römischen Recht eine entsprechende Beschränkung fehlte. Eine actio in rem im nachklassischen Sinn diente der Verfolgung von beweglichen und unbeweglichen Sachen gleichermaßen.

VII. Ausführlich schildert Bracton schließlich als drittes Kriterium den bei real und personal actions grundlegend unterschiedlich ausgestalteten „mesne process", d. h. das Verfahren gegen einen säumigen Beklagten[112]. In beiden Fällen lehnt Bracton sich zu Beginn seiner Darstellung, wie Richardson aufgezeigt hat[113], an Tankreds Ordo justiciarius an, um alsbald zu einer Ausbreitung rein englischen Rechts überzugehen[114].

1. Bleibt der vom Sheriff ordnungsgemäß geladene Beklagte eines writ of right[115] in dem ersten, vier Tage währenden Termin aus, ohne zuvor unter Nachweis unverschuldeter Hinderungsgründe (lat. essonia, engl. essoins) wie Krankheit, Sturmflut usw., eine Verschiebung des angesetzten Gerichtstags beantragt zu haben, oder unterläßt er, obwohl erschienen, in dem Termin seine Verteidigung, so weist der Kanzler den Sheriff in dem vom Kläger erwirkten writ of great cape (lat. magnum cape)[116] an, das umstrittene Stück Land in Beschlag zu nehmen. Während der darauf folgenden 15 Tage[117] kann der Beklagte eine durchschlagende Entschuldigung für seine Indefension vorbringen und unter Beweis stellen, um dadurch die Aufhebung der Beschlagnahme zu erreichen. Rührt er sich nicht, weist das Gericht in einem zweiten, 15 Tage nach dem ersten stattfindenden Termin, zu dem der Beklagte erneut vorgeladen wird und dessen Verschiebung er wiederum, bis zu drei Malen, beantragen kann, den Kläger in den Besitz ein (missio in seisinam). Bei der Einweisung handelt es sich um kein echtes, mit Rechtskraftwirkungen ausgestattetes Versäumnisurteil; das common

---

[111] Ausnahmen: die writs of covenant und, u. U., replevin, vgl. *Bracton* fol. 439 und oben S. 44; 53 Fußn. 92; bzw. S. 52 f.
[112] *Bracton*, fol. 364 b—372 b (breve de recto); 439—441 (actiones in personam); *Pollock/Maitland* II 592 ff.; *Holdsworth*, H. E. L. II 83, III 624 ff.; *Plucknett*, History 383 ff.; *Peter* 42.
[113] In Bracton 57, 63; Gegenüberstellungen auf S. 138 ff., 148 f.
[114] Eine solche Arbeitsweise ist typisch für den Verfasser des Traktats. Sie deutet auf die u. a. von *Richardson* angenommene schichtweise Entstehung des Werkes hin, wonach der Autor von einem knappen, stark römischrechtlichen Gerippe ausging und dieses später durch Einschübe rein englischen Rechts auffüllte.
[115] Ebenso im Falle des writ of entry, vgl. *Bracton* fol. 319.
[116] *Bracton* fol. 365 i. f., 365 b. Zur Zeit Glanvills gingen dem writ of great cape drei Vorladungen voraus, *Glanv*. I 7.
[117] *Bracton* fol. 364 b.

law zögerte vielmehr, den Rechtsverlust als endgültig zu betrachten: mit einem seinerseits erhobenen writ of right kann der Beklagte den gesamten Rechtsstreit wieder aufrollen, wobei er allerdings — im Vergleich zur Beklagtenstellung — erhebliche Kosten- und Beweisnachteile in Kauf nehmen muß[118].

Einen andersartigen Weg beschreitet das englische Recht zu Bractons Lebzeiten bei der zweiten Klagegruppe, den personal actions[119]. Mit fast übertrieben anmutender Ausdauer und unerbittlicher Strenge versucht es — im Ergebnis häufig vergeblich —, dem Dogma, daß der Rechtsbrecher vor die Schranken des Gerichts zu treten und dem Kläger Rede und Antwort zu stehen hat, in der gerichtlichen Praxis zur Gültigkeit zu verhelfen. In einem Kriminalverfahren droht dem säumigen Angeklagten Rechtlosigkeit (outlawry)[120]. Doch können Monate vergehen, bis sie verhängt wird. Erst wenn der private Ankläger seinen Widersacher viermal nacheinander, jeweils ohne Erfolg „aufgerufen hat" (lat. appellavit), sich zu einer in regelmäßigen Abständen stattfindenden Gerichtssitzungen einzufinden, bzw. — im Falle der Strafverfolgung durch ein indictment — erst wenn die königlichen Richter sich nach eingehenden Ermittlungen zu der Überzeugung durchgerungen haben, daß es sich bei dem flüchtigen Beschuldigten tatsächlich um einen felon handelt, sind die Voraussetzungen für den Ausspruch der Rechtlosigkeit erfüllt. Outlawry bedeutet eine schwere Waffe in der Hand der Gerichte: zwar kommt ihr nicht der Charakter einer eigentlichen Strafe zu, in ihrer Wirkung aber gleicht sie einem Todesurteil. Wird der Rechtlose ergriffen, erwartet ihn der Galgen. Seine Fahrhabe konfisziert die Krone, während die Liegenschaften nach Jahresfrist an den Lehnsgeber zurückfallen. — Als noch langwieriger stellt sich das Säumnisverfahren bei zivilrechtlich verfolgbaren Rechtsverstößen dar. Bleibt der Beklagte im ersten Termin aus, läßt der Sheriff ihn erneut vorladen. Erscheint er weder auf dem zweiten, noch auf weiteren, jeweils neu angesetzten Gerichtstagen, so ist er einem System sich mit jedem Ausbleiben verschärfender Sanktionen ausgesetzt, die Bracton zu folgenden sieben Stufen zusammenfaßt:

---

[118] Zum Wortlaut des breve de seisina habenda und seinen Wirkungen vgl. fol. 367. Die zweite Klage muß danach stets ein writ of right sein, falls das Vorverfahren durch ein writ of right oder writ of entry eingeleitet worden ist. Gehörte die vorangehende Klage zur Gruppe der sogenannten Besitzassisen (engl. possessory assizes) — assize of novel disseisin, of mort d'ancestor, of darrein presentment, utrum (vgl. dazu *Maitland*, Forms of Action 27 ff.) — so steht dem Unterlegenen neben dem writ of right auch ein writ of entry zur Verfügung.

[119] *Bracton* fol. 439—441; außer der oben S. 57 Fußn. 112 angegebenen Literatur vgl. insbes. *Sutherland*, 82 L. Q. R. (1966) 482 ff.

[120] Vgl. dazu *Bracton* fol. 439; *Pollock/Maitland* II 580 ff.

(1) Freiwillige Stellung von Pfändern und Bürgen (engl. attachment by gage and pledges)[121]; anderenfalls formale Beschlagnahme seiner Fahrhabe oder Arrestierung.

(2) Stellung von besseren Pfändern und Bürgen (meliores vadia et plegii), sonst wie (1).

(3) Habeas Corpus: Der Sheriff haftet jetzt anstelle der Bürgen persönlich für das Erscheinen des Beklagten, kann sich aber durch nunmehr allein ihm verantwortliche Bürgen rückversichern. Finden sich keine, ist er berechtigt, den Beklagten bis zur Vorführung im Termin festzunehmen.

(4) Rein zeremonielle Beschlagnahme des gesamten Vermögens, wobei das Nutzungsrecht des Beklagten unangetastet bleibt.

(5) Verschärfung der Beschlagnahme.

(6) Entzug des Nutzungsrechts.

(7) Wirkliche Beschlagnahme durch den Sheriff, der für die Einkünfte Rechnung zu legen hat.

Bleibt der Beklagte halsstarrig und nimmt er den Verlust seines Besitzes in Kauf, so erweisen sich die von dem Kläger im Laufe des zeitraubenden Verfahrens auf sich genommenen Opfer als umsonst erbracht. Kein Versäumnisurteil schließt sich an. Der Kläger geht leer aus. Das gesamte beschlagnahmte Vermögen verfällt dem König. Bracton erkannte diese Unbilligkeit bereits[122]. Aber seine Reformpläne scheiterten wie die späterer Juristen für lange Zeit nicht zuletzt an der Weigerung des Königshofs, auf die einträgliche Einkommensquelle zu verzichten. Auch der Versuch, bei der action of debt eine Art Versäumnisverfahren einzuführen[123], blieb erfolglos: in einer personal action gab es bis in das 19. Jahrhundert hinein kein Urteil gegen einen nichterschienenen Beklagten[124].

---

[121] Die Bürgen werden eine Sicherheit von dem Beklagten verlangt haben; denn wenn dieser wieder nicht erschien, legte das Gericht ihnen eine Buße (amercement) auf.

[122] Fol. 440 b i. f., 441.

[123] Vgl. *Plucknett*, History 386.

[124] Für einige personal actions, darunter das writ of trespass, entwickelten die Gerichte noch zu Bractons Lebzeiten wirkungsvollere, im Prinzip jedoch unveränderte Sanktionen, deren Vorbilder im Strafverfahren zu suchen sind: nach der ersten Säumnis des Gegners erwirkte der Kläger ein „writ of capias", das dem Sheriff auftrug, genügend Bürgen zu finden oder den Beklagten festzunehmen. Nach dem zweiten Ausbleiben wurde der Beklagte auf klägerische Veranlassung für friedlos erklärt mit der Rechtsfolge, daß er zwar sein Leben, nicht aber seine Freiheit behielt und das Vermögen der Krone verfiel (sog. minor outlawry), vgl. *Bracton* fol. 127 b; *Pollock/Maitland* II 580; *Sutherland*, 82 L. Q. R. (1966) 486 f.

3. Kap.: Actio in rem und actio in personam in Bractons Traktat

2. Die Erkenntnis, daß sich im common law real und personal actions hinsichtlich des „mesne process" unterscheiden, offenbart uns eine deutliche Parallele der englischen Klageeinteilung mit der römischen Klassifikation von actiones in rem, in personam: auch bei diesen ist, wie wir oben festgestellt haben, das Verfahren gegen den „indefensus" bleibenden Beklagten verschieden geregelt[125].

Gemeinsam gehen beide Rechtssysteme zunächst von dem Leitsatz[126] aus, daß ein den Streit endgültig abschließender Zivilprozeß ohne aktive Teilnahme beider Parteien nicht stattfinden kann. In auffallender Ähnlichkeit untereinander kennen sie zwei grundlegend verschiedene Wege, um den Beklagten zur Mitwirkung zu bewegen und ihm die Möglichkeit zu nehmen, die klägerische Rechtsverfolgung zu vereiteln.

Bei dem einen Weg, der im Falle der actiones in rem bzw. der real actions beschritten wird, steht die Beziehung des Klägers zu dem beanspruchten Gegenstand im Vordergrund; der Beklagte sieht sich einem bloß mittelbaren Druck ausgesetzt, seine Verteidigung aufzunehmen. Stellt er die Sache freiwillig zur Verfügung, kann er sich ohne weiteres dem Streit entziehen. Andererseits *muß* er das Objekt preisgeben, wenn er sich nicht verteidigen will: actio in exhibendum und interdictum quem fundum bzw. — im justinianischen Recht — der auf Wegnahme der Sache lautende richterliche Befehl an den Exekutor entsprechen ihrer Funktion nach dem englischen writ of great cape. Die Analogie geht einen Schritt weiter: dem Beklagten, der die Streitsache infolge seiner Indefension durch gerichtliche Zuweisung an den Kläger verloren hat (vgl. etwa die vom Prätor angeordnete Besitzübertragung mit Bractons missio in seisinam[127/128]), kommen beide Rechtsordnungen nachsichtig entgegen. In einem neuen Prozeß kann er die Parteirollen

---

[125] S. 26 ff., 33 f. — Auf die Analogie weist allein *Peter* auf Seite 42 kurz hin. Selbst *Maitland* erwähnt sie mit keinem Wort, obwohl sie seine Ansicht, Bracton habe im „mesne process" das maßgebliche Kriterium gesehen (s. dazu unten S. 62), stützen würde. — Übergangen sei in dem nunmehr zu schildernden Vergleich jene am Rande liegende Besonderheit *Bractons*, die allein auf öffentliche Bestrafung gerichteten Kriminalverfahren zu den actiones personales zu zählen, da er sie ebensowenig wie mit den Juristen des klassischen und späteren römischen Rechts mit seinen Nachfolgern im common law teilte, so daß sie im englischen Recht zu keiner Zeit Fuß zu fassen vermochte.

[126] *Buckland/McNair* 400 f. machen dafür unterschiedliche Gründe — Vertragscharakter einer gerichtlichen Auseinandersetzung im römischen Recht, sowie der Wunsch, einen für beide Seiten fairen Prozeß zu gewährleisten, im englischen Recht — verantwortlich. Beide Vorstellungen aber lassen sich auf den Grundgedanken zurückführen, daß die Rechte einer Person in Abweichung fest etablierter Regeln durch kein Verfahren, in das der Betroffene nicht eingewilligt hat, geschmälert werden dürfen. Näheres zu diesem Dogma, das sich besonders auf die Frage der Repräsentation im englischen Staatsrecht auswirken sollte, bei *Post* 170 ff., 227 ff. und passim.

[127/128] Oben S. 27 f. bzw. S. 57.

3. Kap.: Actio in rem und actio in personam in Bractons Traktat 61

vertauschen und — unbehindert durch das Ergebnis des ersten Verfahrens — als Kläger die umstrittenen Rechtsfragen wieder aufwerfen[129].

Den anderen Weg schlagen, weitgehend übereinstimmend, actiones in personam bzw. personal actions ein. Bei ihnen wird der Beklagte unmittelbar zur erforderlichen Mitwirkung gezwungen. Nimmt er seine Verteidigung nicht auf, wird ihm seine gesamte greifbare Habe weggenommen (missio in bona bzw. distraint by all lands and chattels). Daneben verliert er im römischen Recht bei allen, im englischen Recht zu Bractons Zeit bei manchen personalen Klagen[130] auch seine Freiheit (Privathaft in dem ersten, lebenslange Gefängnisstrafe als Rechtsfolge der „minor outlawry" in dem zweiten Fall).

Andererseits dürfen wir die Unterschiede, die hinsichtlich der römischen und englischen Versäumnisverfahren, sowie deren Bedeutung für die jeweiligen Klageeinteilungen bestehen, nicht übersehen. Zum Teil sind sie zwar lediglich technischer Art, wie beispielsweise die im Vergleich zur strafferen Regelung im römischen Recht komplizierte und schwerfällige Einzelausgestaltung des vielstufigen mesne process bei den personal actions. Von größerer Tragweite ist jedoch die Tatsache, daß das common law bezüglich des mesne process der real actions, anders als die entsprechende römische Regelung, keine Grenze zwischen Folgepflicht und Einlassungslast kennt. Während im römischen Recht der in rem Verklagte dann, wenn er nicht nur die Einlassung verweigert, sondern auch zuvor der Ladung nicht Folge geleistet hat, Druckmitteln ausgesetzt ist, die über den Kreis der Sanktionen gegen eine Indefension hinausgehen — im klassischen Recht die missio in bona, im justinianischen Recht ein Kontumazurteil[131] —, behandelt das common law beide Säumnisarten gleich. Bei den real actions kommt es daher, im Gegensatz zu den actions in rem, *nie* zu einer Beschlagnahme des gesamten Vermögens oder zu einem echten Versäumnisurteil, das den Rechtsstreit endgültig abschließen und dem Beklagten die Möglichkeit nehmen würde, mit getauschten Parteirollen ein neues Verfahren über den Streitgegenstand in Gang zu setzen. Der auffälligste und in der Praxis wichtigste Unterschied kommt schließlich ans Licht, wenn ein in personam Verklagter wider Erwarten der Eskalation von Zwangsmitteln trotzt und sich hartnäckig sträubt, seine Verteidigung aufzunehmen: im römischen Recht verfällt dann dem Kläger Leib

---

[129] *Van Caenegem* vermutet, daß die insoweit entsprechende Regelung bei *Glanvill* I 7 auf eine unmittelbare Beeinflussung durch kontinentale, römischrechtliche Vorbilder zurückgeht; vgl. S. 382 ff. (385 f.).
[130] Z. B. bei den actions of trespass, vgl. oben S. 59 Fußn. 124.
[131] Vgl. oben S. 27 bzw. S. 33.

und Gut des Gegners; im common law hingegen geht er leer aus, eine Regelung, die Bracton mit Recht als unbefriedigend empfindet[132].

Trotz der fehlenden Übereinstimmung in diesen Punkten können wir aber das bisherige Ergebnis dahin zusammenfassen, daß die von Bracton als real und personal eingruppierten actions im Verfahren gegen einen säumigen Beklagten verschiedenartige, ihrem jeweiligen römischrechtlichen Gegenstück unverkennbar ähnelnde Wege einschlagen.

3. Zu prüfen bleibt im folgenden die weitergehende, mehrfach vertretene Auffassung, Bracton habe den „mesne process" als letztlich entscheidendes Kriterium für seine Klageeinteilung angesehen[133]. Bedenken gegen diese Ansicht ergeben sich zunächst daraus, daß Bracton nicht immer konsequent auf den mesne process als Test abstellt. So stuft er z. B. das breve de conventione (writ of covenant), das dem mesne process nach zu den typischen personal actions gehört[134], dann als realis ein, wenn der Kläger in ihm die Herausgabe einer beweglichen oder unbeweglichen Sache begehrt[135].

Ferner spricht der Ort, an dem Bracton auf den mesne process eingeht, gegen Maitlands Auffassung. Bracton behandelt nämlich die beiden Indefensionsverfahren im Rahmen der Einzeldarstellung des writ of right sowie bei der Einführung in die personal actions am Ende seines Werkes; mit keinem Wort erwähnt er sie jedoch bei der allgemeinen Analyse der writs, insbesondere auch nicht im 3. Kap. des 3. Buches, wo er sich ausführlich mit den Klassifikationen der Klagen auseinandersetzt. Gerade hier würden wir aber einen Hinweis auf den „mesne process" erwarten, wenn Bracton darin tatsächlich den maßgeblichen Test für die Einteilung in real und personal actions gesehen hat.

Maitland beruft sich zum Beweis seiner Meinung auf das writ of assize of novel disseisin, das deshalb zu den personal actions gehöre, weil: „the mesne process is merely against the person, by attaching him or seizing his body"[136]. Wir haben oben festgestellt, daß Bracton den personalen Charakter der Besitzschutzklage bald auf den Klagegrund

---

[132] Vgl. oben S. 27 bzw. S. 59.

[133] So *Maitland*, Forms of Action 76 f.; *Holdsworth*, H. E. L. II 3 f.; *Phillips* 239; vgl. auch oben S. 40.

[134] Vgl. fol. 440 b i. f. und 441, wo das writ of covenant in die Reformvorschläge für den mesne process bei personal actions einbezogen ist.

[135] Fol. 439.

[136] Forms of Action 76 f. Auch *Plucknett*, History 332, nimmt an, *Bracton* habe das writ of novel disseisin u. a. deshalb als in personam betrachtet, weil das Verfahren sich gegen die Person des Besitzstörers und nicht gegen das Land richte. Der angeführte Beleg (*Bracton* fol. 103 b—104) sagt jedoch nichts darüber aus.

3. Kap.: Actio in rem und actio in personam in Bractons Traktat 63

(Delikt), bald auf eines ihrer Klageziele, nämlich Geld, zurückführt. An keiner Stelle begründet er jedoch deren Einreihung unter die personal actions damit, daß der mesne process gegen die Person des Beklagten gerichtet sei. Einer solchen Begründung hätte es auch an Überzeugungskraft gemangelt, was ein Blick auf die nähere Ausgestaltung des mesne process bei einem writ of novel disseisin zeigen mag[137]. Der Prozeß beginnt zwar nicht mit einer einfachen Vorladung (engl. summons), sondern mit einem „attachment by gage and pledges" (= durch Pfänder und Bürgen abgesichertes Versprechen, auf dem Gerichtstag zu erscheinen), also mit der zweiten Stufe des bei personal actions gebäuchlichen mesne process[138]. Auch kann der Kläger, ebenfalls anders als im Normalfall einer real action, nach dem ersten Säumnis des Gegners kein writ of great cape erwirken; das Streitobjekt wird also, was Maitland zu Recht hervorhebt[139], nicht beschlagnahmt (taken in the king's hand). Allein, damit sind die Ähnlichkeiten mit dem Indefensionsverfahren der actiones personales erschöpft. Der mesne process eines writ of novel disseisin stellt sich in Wahrheit eher als beschleunigte Variante des normalen Versäumnisverfahrens der real actions dar: Das „attachment" zu Beginn des Prozesses verfolgt den Zweck, der ersten Ladung größeren Nachdruck zu verleihen, um den Königsfrieden alsbald wieder herzustellen; erscheint der Beklagte trotzdem nicht, überspringt das Gericht die Stufe der 15tägigen, vorläufigen Beschlagnahme aufgrund des writ of great cape, sondern läßt dem Kläger sofort sein Recht widerfahren, indem es ihn unverzüglich in den Besitz des umstrittenenen Stück Lands einweist. Der normale mesne process von (1) summons, (2) seizure into the king's hand, (3) missio in seisinam verkürzt sich also auf zwei Stufen: (1) attachment, (2) missio in seisinam. Entgegen der Meinung Maitlands läßt sich der personale Charakter des writ of novel disseisin daher nicht mit einem Hinweis auf das Säumnisverfahren erklären; auch der mesne process bildet infolgedessen nicht das entscheidende Kriterium für Bractons Klageeinteilung.

VIII. Wir haben uns in diesem Kapitel die Aufgabe gestellt, den Gebrauch des Begriffspaars actio realis, personalis in Bractons Rechtsbuch zu untersuchen (1) und mit dem römischrechtlichen Vorbild, der Unterscheidung von actiones in rem, in personam zu vergleichen (2). Dabei ließ sich feststellen:

(1) Ein allein maßgebliches, alle vorhandenen Widersprüche auflösendes Kriterium fehlt. Den anfänglichen Versuch, die Klagen nach

---
[137] Vgl. *Bracton* fol. 182.
[138] Eine derartige Prozeßeinleitung war zu Bractons Zeit bei allen Klagen, die einen Bruch des Königsfriedens zum Gegenstand hatten, üblich; vgl. *Sutherland,* 82 L. Q. R. (1966) 485.
[139] Forms of Action 76.

ihrer jeweiligen materiellrechtlichen Klagegrundlage (dominium, contractus, delictum) zu ordnen, führt Bracton nicht konsequent durch. Aus dem seinerzeit geltenden, rund um den Kern spezifischer Klagen aufgebauten englischen Recht ließen sich keine materiellen Rechtsinstitute herauskristallisieren, die lückenlos in die bekannten römischrechtlichen Rahmen hineingepaßt hätten. Als ein für Bracton bzw. den Redaktor unüberwindliches Hindernis erwies sich zudem das Problem, mit welcher Rechtfertigung die Vindikationsklage auf eine widerrechtlich vorenthaltene bewegliche Sache (Anwendungsfall der action of detinue), als deren Klagegrund er allein dominium in Betracht zog, die Bezeichnung in rem tragen könne, obwohl der Kläger darin die Herausgabe seiner Sache nicht durchzusetzen vermochte. Bei der Erörterung der Frage[140] kam ihm die bereits von den Klassikern vollzogene dogmatische Erkenntnis, daß eine Verurteilung in Geld der Einstufung als Klage in rem keineswegs entgegenzustehen braucht (vgl. die rei vindicatio im klassischen Recht), nicht in den Sinn; er urteilt statt dessen nach einem rein äußerlichen Gesichtspunkt: „... unde, quia non compellitur praecise ad rem, quae petitur, erit actio (gemeint ist das writ of detinue) in personam ...". Später, bei der Einzeldarstellung bestimmter brevia originalia, rückt Bracton ein drittes Unterscheidungsmerkmal, den mesne process, in den Vordergrund, ohne zu bemerken, daß er damit neue Widersprüche erzeugt. Offen muß heute die Frage bleiben, ob Bracton die Unstimmigkeiten festgestellt und beseitigt hätte, wäre ihm genügend Zeit für eine sorgfältige Durchsicht seines unvollendeten Werkes geblieben[141].

(2) Sämtliche von Bracton herangezogenen Kriterien begegnen uns in ähnlicher Form im römischen Recht. Soweit ihm die jeweiligen Klagegründe zur Bestimmung der Klagegruppen dienen, steht Bracton eindeutig auf dem Boden des klassischen und justinianischen Rechts; eine für die Klageeinteilung einander weitgehend entsprechende Rolle spielen ferner mesne process und römisches Indefensionsverfahren, während die Verbindung von real und personal actions mit den Gedanken der Naturalrestitution bzw. des Geldersatzes an analoge Vorstellungen nachklassischer Juristen erinnert. Plucknetts Feststellung bezüglich der Übernahme der römischen Klageeinteilung — „Once again the influence is merely terminological; the nature of the actions was not affected"[142] — bedarf daher, soweit in ihr der Ton einer Abwertung

---

[140] Fol. 102 b.
[141] Vgl. *Richardson* 89: „Let me, however, emphasize, as I conclude, that what we have is not a finished work from which the obscurities and asperities have been removed, but an incomplete draft, a draft laid aside for ten or twelve years by a dissillusioned, if not ageing, man, a draft never revised and never intended for our eyes in a state in which it has come down to us."
[142] 3 Toronto L. J. (1939/40) 42.

der Leistung Bractons mitschwingt, einer Erwiderung. Zwar ließ die Anleihe bei den kontinentalen Vorbildern die Eigenart des überlieferten Writsystems unberührt, andererseits aber übernahm Bracton nicht lediglich den *Namen* des Gegensatzpaares in rem — in personam, bar seiner römischrechtlichen Bedeutung, sondern versuchte vielmehr, die common law-Klagen nach weithin entsprechenden Gesichtspunkten zu gliedern. Seinem Unterfangen konnte jedoch angesichts der Mannigfaltigkeit und Unausgereiftheit des englischen Klagewesens seiner Zeit, welches neben strikten original writs zahllose informelle querelae kannte und das von der schrittweisen Zurückdrängung der örtlichen zugunsten der aufkommenden königlichen Gerichtsgewalt in Unruhe gehalten wurde, lediglich ein teilweiser Erfolg beschieden sein, zumal die inhaltliche Bestimmung der Unterscheidung im römischen Recht selbst nicht unwandelbar und widerspruchsfrei feststand.

Viertes Kapitel

Die Entwicklung der Klageeinteilung bis Blackstone

Zu Bractons Lebzeiten erreichte der Einfluß, den das römische Recht während des 12. und 13. Jahrhunderts, als die Grundlagen des heutigen common law gelegt wurden, auf das englische Recht ausübte und durch den vor allem dessen systematische und begriffliche Durchdringung einen nachhaltigen Antrieb erhielt, seinen Höhe- und Wendepunkt[1].

Der Niedergang deutete sich bereits im Jahre 1234 an, als Heinrich III. (1216—1272) die Unterrichtung römischen Rechts in London verbot und die dort gegründete Rechtsschule schließen ließ[2]; zwei Jahre später entschieden sich die in Merton versammelten höchsten Würdenträger Englands, in der Frage der Legitimation unehelicher Kinder den überkommenen englischen Brauch nicht durch fremdrechtliche Dogmen zu ändern und sprachen dabei den berühmten, meist als Ablehnung römischrechtlicher Lehren verstandenen Leitsatz „Nolumus leges Angliae mutare quae usitatae sunt et approbatae" aus[3]. Ein Erlaß Eduards I. aus dem Jahre 1292 schrieb eine mit der gerichtlichen Praxis verwobene Ausbildung des juristischen Nachwuchses, der „apprentices", vor. Damit setzte jene Entwicklung ein, in deren Verlauf der nationale Charakter des englischen Rechts, die ihm eigentümliche Gewichtsverteilung unter den Rechtsquellen sowie die spezifischen Anwendungsmethoden immer mehr in Erscheinung traten, auch wenn das römische Recht und dessen kontinentale Nachfolger auf dem Umweg über das kanonische Recht und die Vermittlung führender Universitäten weiterhin das Rechtsdenken der englischen Richter, Anwälte und Rechtslehrer zumindest mittelbar beeinflußten.

I. Das Begriffspaar in rem — in personam hatte frühzeitig zu tiefe Wurzeln geschlagen, als daß es noch wieder in Vergessenheit geraten

---

[1] *Schwarz* 5 ff. mit Literaturhinweisen; ferner: *Plucknett*, 3 Toronto L. J. (1939/40) 40 ff.

[2] Vgl. dazu *Richardson*, English Historical Rev. 59 (1944) 40.

[3] *Pollock/Maitland* I 188 f., II 397 ff.; *Holdsworth*, H. E. L. II 218; nach *Peter* 71 kann der Grundsatz ebensogut eine Mahnung der Lehnsherrn an die Krone, das überlieferte englische Recht nicht durch Bewilligung neuer writs auszuhöhlen, bedeutet haben.

4. Kap.: Die Entwicklung der Klageeinteilung bis Blackstone

konnte. In dem in juristen-französischer Sprache („Law-French") geschriebenen Rechtsbuch Brittons finden wir die „acciouns personel(e)s" bzw. „reales" wiederholt einander gegenübergestellt[4]. Fleta, ähnlich Britton nachhaltig von Bracton beeinflußt, erwähnt die Unterscheidung mehrfach[5]. De Hengham, der mit den Summae Magna et Parva (verfaßt zwischen 1272 und 1290) zwei der bedeutendsten Darstellungen des englischen Verfahrensrechts zur Zeit Eduards I. schuf[6], gebraucht sie im Rahmen der Schilderung der Hinderungsgründe (essonia)[7]. Genannt wird sie in dem möglicherweise ebenfalls von de Hengham stammenden[8] Modus Componendi Brevia[9], und auch der Verfasser des gedrängten Traktats Fet Asaver hatte sie anscheinend, worauf ein Textvergleich mit dem zuletzt genannten Werk hindeutet[10], im Auge, ohne aber die Begriffe real und personal zu verwenden. Zum bestimmenden Faktor der Unterscheidung rückt in den Jahrhunderten nach Bracton das Klageziel auf. Littleton[11] und Coke[12] stellen darauf ab, ob der Kläger lediglich eine in Geld bemessene Leistung erzwingen oder die Herausgabe des beanspruchten Gegenstandes selbst durchsetzen kann. Blackstone definiert die Klagearten im dritten Buch seiner erstmals 1765 bis 1768 erschienenen „Commentaries on the Laws of England" folgendermaßen[13]:

„Personal actions are such, whereby a man claims a debt, a personal duty, or damages in lieu thereof: and, likewise, whereby a man claims a satisfaction in damages for some injury done to his person or property. The former are said to be founded on contracts, the latter

---
[4] Fol. 1 b; 83 b (= Bd. 1, S. 3 bzw. S. 211 der von *Nichols* besorgten Ausgabe); vgl. ferner *Nichols*, ebd. Einf. XXXIII—XXXV.
[5] Lib. Secundus, cap. 1 (S. 105, 108 der Ausgabe von *H. G. Richardson* und *G. O. Sayles*); ferner Lib. Quat., cap. 1.
[6] Vgl. *Hazeltine* (ed.) in der Einleitung IX—XXXIX (XXXII).
[7] Summa Parva, cap. I (S. 53 ff. der Edition von *Hazeltine*), insoweit an *Bracton* fol. 328 f. anlehnend.
[8] Vgl. dazu *Woodbine*, Four Thirteenth Century Law Tracts 39 ff.
[9] Edition *Woodbine*, in Four Thirteenth Century Law Tracts, S. 143 f.: Videndum et primo si actio conquerentis sit realis vel personalis, aut si utramque tangat naturam tam actionem personalem quam realem. Et secundum hoc intelligendum est breve de placito terrae, vel transgressionis vel quod utramque tangat naturum. Omne igitur placitum quod deducitur in curiam domini Regis generaliter dicitur placitum terrae vel transgressionis.
[10] Mit dem unter Fußn. 2 wiedergegebenen Auszug vgl. Fet Asaver (Ausgabe *Woodbine*, in Four Thirteenth Century Law Tracts), S. 53: Fet asaver al commencement de chescun plai ke est plede en la court de Rey, ou ceo plai de tere ou de trespass ou de ambedeus.
[11] *Littleton*, sec. 492; vgl. ferner sec. 444, 493—496, 508.
[12] *Co. Litt.* 284 b, 285 a.
[13] *Blackstone*, Commentaries on the Laws of England III 117 f. (gekürzt). — Über Blackstone und sein Werk vgl. *Brunner*, Geschichte der englischen Rechtsquellen im Grundriß 57 ff.; *Schwarz* 67 f.; *Holdsworth*, Sources and Literature of English Law 155 f.; *Lévy-Ullmann*, Le système juridique de l'Angleterre 259 ff.; *Plucknett*, History 285 ff.

4. Kap.: Die Entwicklung der Klageeinteilung bis Blackstone

upon torts or wrongs: and they are the same which the civil law calls „actiones in personam, ...[14]"

„Real actions, which concern real property only, are such whereby the plaintiff, here called the demandant, claims title to have any lands or tenements[15], rents[16], commons[17], or other hereditaments[18], in fee-simple, fee-tail or for term of life[19]. By these actions formerly all disputes concerning real estates were decided; ...

---

[14] Es folgt ein Zitat aus dem 6. Titel des 4. Buches der Institutionen.

[15] Unter tenements versteht *Blackstone* (II chapt. 2, S. 16 ff.) alle als Sachen aufgefaßte Rechtsstellungen, auf denen eine Lehnslast (tenure) ruht, z. B. die meisten interests in land (Grundstücksrechte), offices (Ämter), advowsons (Patronatsrechte), auch commons und rents (vgl. dazu die folgenden Fußn.). — Im modernen Sprachgebrauch bedeutet tenement oder tenement house soviel wie Mietwohnung, Mietshaus; vgl. *Weissenstein*, Anglo-amerikanisches Rechtswörterbuch I 180.

[16] Rents sind Ansprüche auf jährliche Geld-, Sach- oder Dienstleistungen eines Grundstücksinhabers aus dem haftenden Grundstück; vgl. *Blackstone* II chapt. 3 X, S. 41 ff. — Auch im geltenden Recht muß der Schuldner für rent-services (Miet-, Pachtzinsen) und rent-charges (Grundrenten, bei denen kein landlord - tenant Verhältnis besteht) mit seinem Grundstück einstehen; vgl. *Megarry/Wade*, The Law of Real Property 693 ff., 789 ff.; *Parker*, Das Privatrecht der Vereinigten Staaten von Amerika 74 ff.

[17] Commons (Gemeinheiten) heißen die mitgliedschaftlichen Rechte auf Nutzung der Allmende (pasture), Fischerei (piscary), Torfstechen (turbancy), Holzung (estover), u. a., vgl. *Blackstone* II chapt. 3 III, S. 32 ff. — Neben den rents zu der Gruppe der profits à prendre gehörend, werden die rights of common heute vielfach zusammen mit den easements (z. B. Wege-, Luft-, Licht-, Wasserrechte) und einigen diesen verwandten Rechten unter dem Titel der servitudes behandelt; vgl. *Dölle* bei *Heinsheimer* II, S. 467 mit Nachw.

[18] Die Kategorie der hereditaments faßt *Blackstone* weiter als die der tenements; sie umschließt alle Gegenstände und als Sachen aufgefaßte Rechte, die — soweit sie überhaupt vererblich sind — unmittelbar auf einen heir at law übergehen. Seit *Bracton*, fol. 7 b, 10 b, werden sie nach römischem Vorbild (*Gai*. 2, 12 ff. = D. 1, 8, 1, 1; *Azo*, fol. 246 b No. 8) in corporeal (z. B. Grundstücke samt Gebäuden; bestimmte Zubehörteile eines Gutshauses, die herkömmlicherweise an den heir fallen, wie Wappenschilder, Familiengemälde) und incorporeal hereditaments eingeteilt, zu denen *Blackstone* advowsons (Patronatsrechte), tithes (Zehnte), commons, ways (Wegerechte), offices (Ämter), dignities (Adelsvorrechte), franchises (Regalien), corodies und annuities (auf Naturalien bzw. Geld gehende Versorgungsrechte) sowie rents zählt; vgl. *Bl.* II chapt. 2, S. 16 ff.; chapt. 3, S. 20 ff. — Obwohl die Grundlage für den Begriff hereditament heute entfallen ist — seit dem *Administration of Estates Act* (1925, 15 & 16 Geo. 5 c. 23) fällt das gesamte Vermögen an den Erbschaftsverwalter zwecks Auskehrung an die Berechtigten nach Begleichung aller Schulden (vgl. *Pringsheim* bei *Heinsheimer* II 671 ff.; zu den Regelungen in den U.S.A. vgl. *Ferid-Firsching*, Internationales Erbrecht III Grdz. B II C Rdnr. 20) —, werden die Ausdrücke corporeal und incorporeal hereditaments in England nach wie vor zur Kennzeichnung der verschiedenen Vermögensgegenstände verwendet (z. B. *Megarry/Wade* 12 und passim), während sie in den Vereinigten Staaten ungeläufig sind.

[19] Über das fee simple und estate for life vgl. oben S. 48. Ein estate in fee tail (lat. feodum talliatum) unterscheidet sich von einem fee simple darin, daß die Erbfolge auf die Erben in gerader Linie (heirs of his body) beschränkt ist und das Land, falls der tenant in tail ohne solche Erben verstirbt, an den Nächstbeliehenen (sog. remainderman) weitergeht bzw. an den Lehnsgeber,

Mixed actions are suits partaking of the nature of the other two, wherein some real property is demanded, and also personal damages for a wrong sustained[20]."

1. Der Kreis der Schritt für Schritt an Bedeutung verlierenden real actions hat bis Blackstone nur wenige Änderungen erfahren. Außer den writs of right und entry schließt er jetzt die Besitzassisen ein, die zwar nach wie vor auch auf Geldersatz für einen durch eigenmächtige Störung und Entwertung (disseisin) verursachten Schaden gehen, bei denen aber die Verurteilung in Geld an Bedeutung hinter der Restitutionsfunktion zurücktritt[21]. Das Statute De Donis Conditionalibus[22], welches das erste Kapital des wichtigen, unter Eduard I. (1272—1307) erlassenen Statute of Westminster II bildet, bestätigte die Existenz der vorher vereinzelt gegebenen „writs of formedon in the reverter" und „in the remainder", die zum Schutz des Lehnsgebers (grantor) bzw. Nachberechtigten (remainderman) gegen Besitzstörungen eingriffen, wenn der tenant in fee tail ohne erbberechtigte Nachfahren (issue) verstarb, und fügte als dritte Alternative der writs of formedon (lat. secundum formam doni) die Variante formedon in the descender hinzu[23]. Diese Klage diente dem Nachfahren und Erben eines tenant in fee tail zu dem Zweck, das Grundstück von demjenigen herauszuverlangen, dem der Erblasser das Land veräußert oder der es widerrechtlich in Besitz genommen hat[24].

2. Im Gegensatz zu den real actions bieten uns die personal actions ein Bild wechselvoller, zwar nie stürmisch verlaufender, aber sich ständig behutsam vorantastender Entwicklung, die im Laufe der Zeit zahlreiche neue Formeln hervorbringen sollte. Als Antriebsfeder dieser schöpferischen Bewegung wirkte hauptsächlich die Rechtsprechung der miteinander wetteifernden drei großen Gerichtshöfe in London — King's (Queen's) Bench, Common Pleas and Exchequer —, deren jeweilige Richter, stets auf eine Erweiterung ihrer Geschäftsbereiche und

---

den reverter, zurückfällt. Zu verschiedenen Unterfällen eines estate in fee tail vgl. *Megarry/Wade* 57 ff.

[20] Als Beispiel der mixed actions führt *Blackstone* die Klage wegen Übernutzung des Lehnsgutes durch den tenant for life (action for waste) an, mit der der Geschädigte, also der Lehnsherr oder der remainderman, neben der Herausgabe des Grundstücks auch dreifachen Schadensersatz verlangen konnte; *Bl.* III 118, 223 ff. (227).

[21] Vgl. allerdings *Littleton*, sec. 494, wo die assize of novel disseisin wie bei Bracton als „mixt" action bezeichnet wird.

[22] 13 Edw. I c. 1 (1285); Text bei *Digby* 182 ff.

[23] Im einzelnen str., vgl. *Milsom*, 72 L. Q. R. (1956) 391 ff. ferner *Blackstone* III 191 ff.; *Pollock/Maitland* II 28; *Holdsworth*, H. E. L. III 17 f.; *Potter* 533; *Simpson* 77 ff.

[24] Eine Übersicht über eine Auswahl weiterer real actions gibt *Holdsworth*, H. E. L. III 15 ff.

damit Aufbesserung ihrer Einkünfte erpicht[25], weder Fiktionen, noch Schleichwege scheuen, um neue Streitfälle, die bis dahin in die Zuständigkeit einer der beiden konkurrierenden Bänke oder eines örtlichen Spruchgremiums fielen, zur Verhandlung und Entscheidung an sich zu ziehen[26].

Das breve de conventione, gestützt auf eine versiegelte Urkunde (upon a speciality), gerichtet auf Erfüllung oder, wenn diese unterbleibt, auf Schadensersatz wegen Nichterfüllung (unliquidated damages), behält lediglich auf einem engen Anwendungsbereich seinen Nutzen[27]. Konkurriert das breve mit dem writ of debt, der Klage auf eine bestimmte Geldsumme aus einem realvertraglichen, konditionsrechtlichen (z. B. irrtümliche Leistung an einen Dritten statt den Gläubiger), gesetzlichen (z. B. statutory penalties) oder von einem Richter geschaffenen (judgment debt, amercement) Schuldverhältnissen, ist ersteres, bis in die erste Hälfte des 17. Jahrhunderts hinein, ausgeschlossen[28]. Das ausschließlich von dem Court of Common Pleas beurteilte writ of debt leidet jedoch an mehreren Schwächen[29]. Der Kläger unterliegt mit dem ganzen Anspruch, wenn er die genau zu beziffernde Höhe der Schuldsumme nicht in vollem Umfang beweisen kann oder wenn der Beklagte, zum Beweis zugelassen und unterstützt von zwölf Eideshelfern, durch einen Reinigungseid das Bestehen der Schuld ableugnet („wages the law"). Außerdem geht das writ of debt nie auf Schadensersatz wegen Nichterfüllung. Die Klage wird daher schrittweise von der action of trespass on the case in assumpsit verdrängt[30]. Seit Beginn des 15. Jahrhunderts aus verschiedenen writs of trespass upon the special case hervorgegangen, gründete sich diese Klage, für die King's Bench und Common Pleas nebeneinander zuständig sind, ursprünglich auf die Übernahme (daher: assumpsit) einer — dann fehlerhaft verrichteten — Tätigkeit (z. B. ärztliche Behandlung eines Patienten, handwerkliche Bearbeitung einer Sache). Später entwickelt sie sich — dank vor allem der beharrlichen Versuche der Richter der King's Bench und der dort praktizierenden Anwälte (barristers), ihren Geschäftsbereich auf Kosten der Gerichtsgewalt des sich ebenso hart-

---

[25] Die Richter lebten bekanntlich von den Gerichtsgebühren (Sporteln), die die Parteien zu entrichten hatten.
[26] Vgl. die Beispiele bei *Maitland*, Forms of Action 79 f., und unten S. 79 Fußn. 77.
[27] *Maitland*, Forms of Action 64; *Milsom*, 81 L. Q. R. (1965) 500 f., 537 ff.; *Potter* 456 ff. (458); zu der Variante writ of covenant real vgl. unten S. 79 f.
[28] *Holdsworth*, H. E. L. III 418.
[29] Vgl. dazu *Blackstone* III 154 ff.; *Pollock/Maitland* II 214 f., 634 f.; *Holdsworth*, H. E. L. III 423 f.; *Peter* 25, 42 f.; *Potter* 318 f., 453 f., 459.
[30] Zu der action of assumpsit vgl. *Blackstone* III 157 ff.; eingehend *Deiser*, 25 Harv. L. R. (1911/12) 428 ff.; *Holdsworth*, H. E. L. III 428 ff.; *Fifoot* 300 ff.; ferner *Maitland*, Forms of Action 68 ff.; *Millar*, Common-Law Pleading 22 ff.; *Plucknett*, History 637 ff.; *Rothoeft* 22 f.; *Potter* 461 ff.

4. Kap.: Die Entwicklung der Klageeinteilung bis Blackstone

näckig, aber weniger erfolgreich widersetzenden Court of Common Pleas auszudehnen — über verschiedene Stufen zu einer allgemeinen, den Anwendungsbereich des writ of debt einschließenden Schadensersatzklage wegen Schlecht- oder Nichterfüllung eines formlos begründeten und für ein nicht wertloses Gegenopfer (engl. valuable consideration) hingegebenen Leistungsversprechens. Wird dieses Versprechen in ausdrücklicher Form abgegeben, so heißt die Klage special assumpsit; wird es vom Gericht aufgrund einer bereits bestehenden Schuld impliziert, so liegt ein Fall des indebitatus assumpsit oder auch general assumpsit vor[31]. Aus der Figur des indebitatus assumpsit wiederum leiten sich die vier noch für das heutige „Law of Contract" bzw. „Law of Quasi-Contract" außerordentlich wichtigen Klagen, die Formeln quantum meruit und quantum valebat sowie die actions for money had and received und for money paid, ab[32].

Der Besitzer von Fahrhabe (chattels personal) erhält einen durch Ausweitung bestehender und Bewilligung neuer writs ergänzten und verbesserten Rechtsschutz. Allerdings bleibt ihm die entscheidende Neuerung, ein auf Herausgabe seines Guts gerichtetes Rechtsmittel, versagt: als Sanktionen für Besitzbeeinträchtigungen beweglicher Sachen dienen im common law nach wie vor ausschließlich personal actions[33]. Werden dem Besitzer freiwillig aus der Hand gegebene (z. B. vermietete) oder verlorene Gegenstände von dem Empfänger bzw. Finder widerrechtlich vorenthalten oder findet bei ihm eine unrechtmäßige Privatpfändung statt, muß er sich, in einem writ of detinue bzw. writ of replevin klagend, mit einer Geldentschädigung abfinden lassen. Bei Diebstahl und anderen, chattels betreffenden Besitzstörungen greift daneben das writ of trespass de bonis asportatis Platz[34]. Nach dem Erlaß des Statute of Westminster II, das die Fesseln der Provisions of

---

[31] Endgültig anerkannt seit dem 1602 entschiedenen *Slade's Case*, 4 Coke Rep. 91 a, 91 b; Auszug bei *Fifoot* 371 ff.

[32] Auf Einzelheiten kann hier nicht eingegangen werden. Näheres bei *Goff/Jones* 3 ff., 7 ff.; *Rothoeft* 33 ff., 36, 48 ff., 59 ff. Die Rechtsbehelfe quantum meruit und quantum valebat zielen auf eine den Umständen nach geschuldete, aber nicht ausdrücklich vereinbarte Vergütung für geleistete Dienste bzw. gelieferte Waren. Die action for money had and received greift etwa bei irrtümlich oder unter Gewaltandrohung geleisteten Geldzahlungen oder im Falle fehlender consideration ein. Die action for money paid schließlich ist das geeignete Rechtsmittel, um eine an einen Dritten gezahlte Geldsumme herauszuverlangen, die auf Veranlassung des Beklagten geleistet wurde und sich zu seinen Gunsten auswirkte.

[33] Abgesehen von der nach erfolgter Strafverurteilung verfügten Restitution von Diebesgut; vgl. oben S. 49 Fußn. 72.

[34] Richten sich die Übertretungen gegen eine Person oder Land, bleiben die ebenfalls zu den personal actions gehörenden Klagen „trespass in assault and battery" bzw. „trespass quare clausum fregit" die geeigneten Rechtsmittel; vgl. *Maitland*, Forms of Action 53, 88 f.; *Millar*, Common-Law Pleading 25 ff., 29 ff.; *Potter* 302, 376, 418 f.; Beispiele bei *Fifoot* 63 ff.

4. Kap.: Die Entwicklung der Klageeinteilung bis Blackstone

Oxford, 1258[35], welche die Bewilligung neuer original writs an die Zustimmung des Parlaments banden, lockerte und dem Kanzler ausdrücklich geringfügige Variationen der überlieferten Formeln (brevia in consimili casu) gestattete[36], — nach neueren rechtshistorischen Forschungen jedoch unabhängig davon[37] — stellten die Kanzleibeamten anfangs zögernd, seit dem 15. Jahrhundert aber immer häufiger writs of trespas upon the special case aus. Diese Klagen, mit deren Verbreitung die King's Bench tief in den früher dem Court of Common Pleas vorbehaltenen, die meisten Streitigkeiten unter Privaten umfassenden Zuständigkeitsbereich einbrach, setzen im Unterschied zu den alten Trespassformeln keine „vi et armis", durch direkten gewalttätigen Angriff, begangenen und einen Bruch des Königsfriedens ausmachenden Unrechtshandlungen voraus. Sie stützen sich statt dessen auf „neutrale" Handlungen (neutral acts), die nicht mehr notwendigerweise in ein Interesse der Krone eingreifen und die erst mittelbar, in der weiteren Folge (in consequence) einen Verletzungserfolg nach sich ziehen. Aus ihnen geht neben der oben erwähnten action of assumpsit sowie weiteren verselbständigten Schadensersatzklagen, die auf mündlicher oder schriftlicher Ehrenkränkung (slander and libel), Täuschung (deceit), übermäßiger Einwirkung auf ein fremdes Grundstück (nuisance) oder fahrlässiger Besitzstörung (negligence) beruhen, insbesondere die action of trover and conversion hervor[38]. Der Kläger verlangt darin Geldentschädigung mit der Behauptung, er habe ein Fahrnisstück verloren, das der Gegner gefunden und, statt es herauszugeben, verkauft, verbraucht oder auf andere Weise seinem Vermögen einverleibt (engl. converted) habe. Verlust und Fund brauchen nicht der Wahrheit zu entsprechen; entscheidendes Gewicht liegt bei der „conversion", die der Kläger beweisen muß. Im Laufe der Zeit verdrängt und ersetzt die action of trover als allgemeine Schadensersatzklage wegen unbefugter Zueignung (conversion) einer beweglichen Sache das writ of detinue, weil das Beweisverfahren (engl. trial) in ihr, anders als in diesem, keinen Reinigungseid zuläßt[39]; zudem dehnt sie

---

[35] Abgedruckt bei *Kiralfy*, The Action on the Case 31.

[36] 13 Edw. I c. 24; Text und englische Übersetzung bei *Fifoot* 78 ff.; Auszug bei *Peter* 72.

[37] So *Plucknett*, 31 Columbia L. R. (1931) 778 ff.; ders., History 373; *Dix*, 46 Yale L. J. (1937) 1142 ff. (1163); *Fifoot* 66 ff.; *Milsom*, Cambridge L. J. (1954) 105 ff.; ders., 74 L. Q. R. (1958) 585 ff.; gegen die u. a. von *Maitland*, Forms of Action 51 f.; *Ames*, Lectures on Legal History, S. 442 und *Sutton* 24 ff. vertretene Auffassung, wonach die actions on the case ausschließlich auf das Statute zurückgehen. Vermittelnd: *Landon*, 52 L. Q. R. (1936) 63 ff. (68); *Kiralfy*, The Action on the Case 24 ff.; *Potter* 304 ff. (307 f.).

[38] Vgl. insgesamt dazu *Maitland*, Forms of Action 65 ff., 92; *Fifoot* 93 ff., 102 ff., 126 ff., 154 ff.; zur action of trover and conversion vgl. ferner: *Blackstone* III 152 f.; *Holdsworth*, H. E. L. III 350 f.; VII 402 ff. (ausführlich); *Millar*, Common-Law Pleading 23 f.; *Sutton* 49 ff.; *Kiralfy*, The Action on the Case 109 ff.; *Simpson*, 75 L. Q. R. (1959) 364 ff.

ihren Anwendungsbereich weit in den zuvor den actions of trespass und replevin vorbehaltenden Raum aus.

II. Der oben S. 67 f. wiedergegebene Auszug aus Blackstones Commentaries on the Laws of England und die anschließend angeführten Beispiele lassen erkennen, daß sich mit den Klagegruppen real, personal actions nicht nur die Vorstellung eines bestimmten Klageziels, sondern auch eines materiellen Rechtsgrundes verbindet[40].

1. So stützen sich nach Blackstones Worten alle personal actions entweder auf ein Delikt (tort or wrong), wie z. B. trespass, trover, libel und slander, oder auf einen Vertrag (contract), wie debt, covenant oder assumpsit[41]. Blackstone stimmt insoweit mit der Terminologie Bractons[42] und dessen Nachfolger, Britton[43] und Fleta[44], überein, während man in den wichtigsten Schriften der folgenden Jahrhunderte, in Littletons Tenures, Fitzherberts New Natura Brevium und Cokes Commentary on Littleton vergeblich nach einem Vorbild sucht[45]. Die Gegenüberstellung von torts bzw. — wie die Unrechtshandlungen zunächst, vor der endgültigen Ausformung der Trespassklagen und der Verselbständigung der einzelnen actions on the case, einheitlich hießen — transgressiones (trespasses) einerseits, und contract (oder conventio) andererseits, reicht indessen bis in die Anfänge des common law zurück, spielte aber in der Gerichtspraxis lange Zeit keine bedeutsame Rolle. Die Grenzen blieben schwimmend und ließen Übergänge ohne weiteres zu — wie etwa das Aufkommen der action of assumpsit zeigt, die sich, von den Vorstellungen tort oder contract unbehindert, aus bestimmten Fällen deliktischer actions of trespass on the case zu der vertraglichen Musterklage des späteren common law entwickelte.

Seit dem Ende des 16. Jahrhunderts aber fanden die Gerichte wiederholt Anlaß, sich in verschiedenartigen Zusammenhängen mit der Einteilung auseinanderzusetzen. So heißt es in der Entscheidung Denison v. Ralphson, 1682: „causes upon contract which are in the right and causes upon tort cannot be joined[46]". An dem Nützlichkeitswert dieser allgemeinen Feststellung bestehen allerdings Zweifel: mochte sie in

---

[39] Sec. 13 des *Civil Procedure Act* von 1833 (3 & 4 Will. 4 c. 42) erweckt mit der Abschaffung des „wager of law" das writ of detinue (und writ of replevin) zu neuem Leben.
[40] Vgl. auch *Digby* 69 Fußn. 1; *Markby* 90 Fußn. 190.
[41] *Blackstone* III 117; dazu *Jackson*, 53 L. Q. R. (1937) 529 ff.
[42] Fol. 102 und oben S. 46.
[43] Fol. 62; (Bd. I, S. 156).
[44] Book II, chapt. 1; (S. 105).
[45] In einem der prozeßrechtlichen Rechtsbücher des 17. Jahrhunderts, der Regula Placitandi von 1691, findet sich jedoch auf S. 343 folgender Ausspruch: „Here is neither Contract nor Privity betwixt the Parties but Tort and Wrong" (zitiert nach *Milsom*, 81 L. Q. R. [1965] 504).
[46] 1 Vent. 365, 366.

ihrer negativen Form zwar mit dem seinerzeit geltenden Recht nicht in Widerspruch stehen, eine Aussage über die Frage, in welchen Fällen die Verbindung von Klagen (joinder of actions) zulässig war, enthielt sie jedenfalls nicht. Miteinander verbunden werden konnten nämlich nicht etwa jeweils vertragliche oder deliktische Klagen, sondern lediglich wenige, hinsichtlich der Verfahrensausgestaltung eng verwandte actions, z. B. debt und detinue, trespass und case, nicht aber die vertraglichen Klagen assumpsit und debt[47]. Gelegenheit zur Diskussion der Unterscheidung fanden die Gerichte ferner in den zahlreichen Streitfällen, die sich um die Anwendung der Maxime „actio personalis moritur cum persona" drehten[48]. Diese Maxime, die möglicherweise von dem römischrechtlichen Grundsatz, daß actiones poenales, insbesondere die Deliktsklagen, nur zu Lebzeiten der unmittelbar Beteiligten erhoben werden können, abgeleitet ist[49], erstreckte ihren Geltungsbereich in der gerichtlichen Praxis — trotz des weitergehenden Wortlauts — in der Regel lediglich auf die tort actions und ließ die vertraglichen Klagen unberührt. Die Beschränkung auf die tort actions blieb zwar nicht unwidersprochen, wurde aber in einzelnen Entscheidungen ausdrücklich niedergelegt[50] und von Blackstone in die Worte gekleidet: „And in actions merely personal, arising ex delicto, ..., as trespass, battery, and slander, the rule is that actio personalis moritur cum persona, ... But in actions arising ex contractu, ..., the suits may be revived against or by the executors: ..."[51]

Seither blieb die für das englische Recht eigentümliche Verknüpfung von personal actions mit den Begriffen tort und contract erhalten. Auch nachdem sec. 78 des Common Law Procedure Act von 1854[52] die überkommene Option des Beklagten, dem obsiegenden Kläger entweder das beanspruchte chattel herauszugeben oder dessen Geldwert zu ersetzen, abgeschafft und den Richter statt dessen ermächtigt hatte, die Restitution der Sache zwingend vorzuschreiben — was vorher allein in equity möglich gewesen war —, ging sie nicht verloren. Darauf beruht es auch, wie wir noch näher sehen werden, daß die englischen tort

---

[47] Näheres und Nachweise bei *Maitland*, Appendix A to Pollock's Law of Torts 439.
[48] Eingehend dazu *Winfield*, 29 Columbia L. R. (1929) 244 ff.; ferner *Maitland*, Appendix A to Pollock's Law of Torts 440.
[49] Zu den Unterschieden zwischen der römischrechtlichen und der common law Regelung vgl. *Buckland/McNair* 345 f.
[50] Z. B. *LeMason v. Dixon* (1627) W. Jones, 173; *Aleway v. Roberts* (1660) 1 Keb. 65: „And though actio personalis quae oritur ex contractu dyeth not, yet quae oritur ex delicto moritur cum persona, as all trespasses."
[51] Commentaries III 302. — Zum heutigen, durch den *Law Reform (Miscellaneous Provisions) Act* von 1934 (24 & 25 Geo. 5 c. 41) völlig neugestalteten Recht vgl. *Pollock*, Law of Torts 52 f. und *Webb/Brownlie* in 14 Int. & Comp. L. Q. (1965) 1—4.
[52] 17 & 18 Vict. c. 125.

4. Kap.: Die Entwicklung der Klageeinteilung bis Blackstone

actions einen weit größeren Bereich umfassen als die Deliktsansprüche der kontinentalen Rechtssysteme: beansprucht etwa der Eigentümer (genauer: besserberechtigte Besitzer) besonders wertvoller Fahrnisstücke deren Herausgabe, so stehen ihm, falls er keine vertraglichen Beziehungen zu dem Beklagten unterhält, dafür lediglich zwei auf bestimmten „tortious acts" beruhende und nicht als Mobiliarvindikationen vorgestellten Klagen (detinue und replevin) zur Verfügung[53].

2. Den real actions ist als materielle Klagegrundlage nicht etwa Eigentum an beweglichem und unbeweglichem Vermögen oder — wie Bracton auf fol. 102 seines Traktats ausführte[54], — auf Immobilien beschränktes dominium, sondern Gewere an einem Freilehen (seisin of a freehold) gemeinsam[55]. Während die englischen Juristen im frühen common law jegliche Art von Besitz unterschiedslos als „seisin" (lat. saisina) oder „possession" bezeichneten, schränkten sie später — seit dem 15. Jahrhundert — die Bedeutung des Begriffs seisin auf die durch real actions geschützten Besitzstände ein. Hatte der Terminus einmal auf diesem Wege als Folge der Gewährung oder Verweigerung einer real action in einem gegebenen Sachverhalt seine feste inhaltliche Ausgestaltung erhalten, so trug er in umgekehrter Richtung dazu bei, die materiellrechtlichen Voraussetzungen der real actions begrifflich zu erfassen. Seisin, Gewere, verlangte fortan zweierlei: der Beschwerdeführer mußte sich zum einen auf ein mit der Würde eines freien Mannes vereinbares Lehnsverhältnis, nämlich ein freehold tenure (lat. liberum tenementum im engeren, ursprünglichen Sinn), und zum anderen auf einen zu den freehold estates zählenden Besitzstand berufen können.

a) Die freehold tenures waren mannigfaltiger Art; im Laufe der Zeit bildeten sich aber bestimmte, häufig wiederkehrende Formen heraus, von denen die wesentlichsten grand sergeanty, military tenure, frankalmoin sowie free and common socage hießen[56]. Mit tenures in grand sergeanty waren zumeist unmittelbar Kronvasallen belehnt, die verschiedenartige Ehrendienste am Königshof verrichten mußten[57]. Bei den military tenures, den Ritterlehen, oblag dem Lehnsmann neben

---
[53] Vgl. *Maitland,* Forms of Action 75; unten S. 101 ff.
[54] Vgl. oben S. 46, 48.
[55] *Blackstone* III, 117 f.; besonders klar *Simpson* 43 ff.
[56] Vgl. dazu ausführlich *Pollock/Maitland* I 240 ff.; *Holdsworth,* H. E. L. III 29 ff.; *Megarry/Wade* 15 ff.; kürzer: *Heymann,* Überblick über das englische Privatrecht 311 ff.; *Simpson* 7 ff.; *Plucknett,* History 531 ff.; *Potter* 487 ff.; *Cheshire,* The Modern Law of Real Property 16 ff.
[57] Der *Tenures Abolition Act* von 1660 (12 Charles II cap. 24), Text bei *Digby* 352 ff., schaffte grand sergeanty als eigenständiges Lehen ab, während die Verpflichtung zu einzelnen Ehrendiensten erhalten blieb, woran auch der *Law of Property Act* von 1922 (12 & 13 Geo. 5 cap. 16) nichts änderte; vgl. sec. 136.

der Pflicht, mehrere vollausgerüstete Ritter zu militärischer Unterstützung bereitzustellen, bzw. eine Kriegssteuer (scutage) zu entrichten, eine Fülle weiterer feudaler Lasten (incidents): Treuschwur (homage); Eid, übernommene Dienste sorgfältig auszuführen (fealty), Gerichtsfolge (suit of court), Nutznießung während Minderjährigkeit (wardship), Auswahl des Ehegatten (marriage), Auffahr- (reliefs) und Hilfsgelder (aids), Heimfall (escheat) und Verwirkung (forfeiture)[58]. Im Falle des frankalmoin sagte der beliehene Geistliche zu, religiöse Verrichtungen wie Gebete für das Heil des Stifters zu erbringen. Das freie weltliche Lehen (free and common socage) schließlich spielte als gebräuchlichste und, nach dem Tenures Abolition Act von 1660, neben dem frankalmoin allein zugelassene[59] Art die wichtigste Rolle unter den free tenures[60]. Durch den Law of Property Act von 1922 in seiner Geltung bestätigt[61], wenn auch heute ohne großen Einfluß[62], belastete es den Lehnsträger mit den ‚incidents' fealty, suit of court, reliefs, aids, escheat sowie forfeiture und verpflichtete ihn daneben zu einer Reihe persönlicher Dienste, von denen er sich aber durch die Zahlung einer Geldrente freikaufen (daher: quit-rents) konnte[63].

b) Der Besitzstand des Lehnsträgers mußte zweitens zu den freehold estates gehören. In dieser Bedeutung dient der Begriff ‚freehold' nicht der Kennzeichnung freier Lehnsverhältnisse, sondern wird vielmehr dazu verwendet, solche in zeitlicher Sicht aufgegliederten Rechtsstellungen an zu Lehen übertragenen Gütern — estates[64] —, die von ungewisser, wenn auch begrenzter Lebensdauer sind, von denen, die an einem bestimmten, von vornherein feststehenden Termin zu Ende gehen, zu unterscheiden. Freehold estates bilden daher die erblichen

---

[58] Military tenures wurden durch den *Tenures Abolition Act* von 1660, sec. 1, beseitigt.
[59] 12 Charles II cap. 24 sec. 1; sec. 7; vgl. auch die vorangehenden Fußnoten.
[60] Frankalmoin kam allmählich außer Gebrauch und wurde durch den *Administration of Estates Act* von 1925 (15 & 16 Geo. 5 cap. 23 2nd Schedule Pt. I) formell aufgehoben.
[61] 12 & 13 Geo. 5 cap. 16 sec. 128 und 12th Schedule § 1.
[62] Vgl. *Megarry/Wade* 35 f. — In der heutigen Rechtspraxis heißt das tenure in socage schlechthin freehold.
[63] Zur Auflösung der feudalen Herrschaftsstruktur in den Vereinigten Staaten vgl. *Vance*, 33 Yale L. J. (1924), 248 ff., der aufgrund der allgemeinen Anerkennung des staatlichen Heimfallrechts (escheat) zu der Auffassung gelangt (S. 263 ff.), daß noch im modernen Recht zwischen Grundbesitzer und Staat, nicht zwischen Bürgern untereinander, eine lehnsrechtliche Beziehung herrscht: „... the American holds his land of the state in which it lies" (S. 263).
[64] So der eigentliche, sachenrechtliche Sinn des Wortes ‚estate'. Als estate wird ferner der Gegenstand dieser ‚dinglichen' Berechtigung, sowie häufig ein sowohl Aktiva, als auch Passiva umfassendes Vermögen als Sondermasse, z. B. die Konkursmasse (bankrupt estate) oder im Erbrecht der gesamte Nachlaß einer Person (estate of a deceased) bezeichnet; vgl. *Weissenstein* 67; *Megarry/Wade* 542.

4. Kap.: Die Entwicklung der Klageeinteilung bis Blackstone 77

Besitzstände fee simple und fee tail sowie die nicht vererbbaren estates for life und, wenn der Besitz auf die Lebenszeit eines anderen als die des Inhabers beschränkt war, estates pur autre vie[65].

c) Setzte Gewere an einem Freilehen als materieller Klagegrund einer real action demnach sowohl ein freehold tenure als auch ein freehold estate voraus, so war den tenants in fee, in fee tail und for life dann und nur dann, wenn sie als Freisassen eine relativ unabhängige Stellung in dem Feudalsystem einnahmen, der Kreis der real actions zugängig; ausgeschlossen blieb folglich, selbst wenn er sein Lehen in fee simple empfangen hatte, was kraft Gewohnheitsrecht (by custom) möglich war[66], der seinem Lehnsherrn hörige Hintersasse (villein, später: copyholder), dessen Besitzstand wegen der Schwere und Unbestimmtheit der darauf ruhenden Lehnslasten als unfrei galt[67] und dem die königlichen Gerichtshöfe daher bis in das 16. Jahrhundert hinein jeglichen Besitzschutz verwehrten[68].

3. Die Trennung der Klagen nach ihrem materiellen Rechtsgrund geht aber nicht immer mit der durch das jeweilige Klageziel gezogenen Grenze zwischen real und personal actions einher. Zwei Klagen sind es vor allem, die dem englischen Juristen infolgedessen Einteilungsschwierigkeiten bereiten: (1) die action of ejectment und (2) das writ of covenant real.

(1) Zum Verständnis der Schwierigkeiten sei kurz die Entstehungsgeschichte der action of ejectment erläutert. Sie ist eng verknüpft mit der eigenartigen Entwicklung der Rechtsstellung eines Landpächters (engl. termor, lessee for terms of years oder leaseholder). Einem termor stand ursprünglich keine der überlieferten real actions zur Ver-

---

[65] Als Sonderformen des life estate verdienen der Besitzstand einer überlebenden Ehegattin an einem Drittel der Liegenschaften des vorverstorbenen Mannes (dower) und umgekehrt der eines Gatten an dem Grundbesitz der nicht kinderlos verstorbenen Ehefrau (curtesy) Hervorhebung. Während dower und curtesy heute in den USA — nach *Juergemmeyer*, Property I (Vorlesungsmaterial, Bloomington 1966, S. 64 ff.) — in 17 bzw. 15 Staaten noch häufig, in weiteren 7 (4) selten und in 26 (31) Jurisdiktionen in keinem Fall mehr life estates erzeugen (vgl. dazu die bei *Ferid-Firsching* III Teil III abgedruckten einschlägigen Gesetzestexte sämtlicher Einzelstaaten), sind sie in England ganz abgeschafft. In dem *Administration of Estates Act* von 1925 (15 & 16 Geo. 5 c. 23), ergänzt durch den *Intestates' Estates Act* von 1952 (15 & 16 Geo. 6 & 1 Eliz. 2 cap. 64) ist die gesetzliche Erbfolgenordnung neu geregelt; vgl. dazu die Übersicht bei *Megarry/Wade* 532 ff.
[66] *Simpson* 157.
[67] Das hat sich erst verhältnismäßig spät geändert: nachdem verschiedene *Copyhold Acts* dem Hintersassen während des 19. Jahrhunderts einzelne Verbesserungen verschafft hatten, wandelte der *Law of Property Act* von 1922 (12 & 13 Geo. 5 cap. 16), sec. 128 und 12th Schedule, sein Lehen in ein freehold (socage) tenure um; vgl. *Cheshire*, Real Property 83.
[68] Anders wird es mit dem Aufkommen der action of ejectment; vgl. dazu alsbald im Text.

fügung[69], sei es, weil sich die Juristen des frühen common law von der Figur des römischen usufructuarius, der keinen Besitz an Grund und Boden (seisin or possession of land), sondern lediglich „quasi-possession of a servitude" innegehabt habe, irreleiten ließen[70]; sei es, weil sie die Landpacht wirtschaftlich zunächst weniger als Recht an Liegenschaften (interest in land) — deren Schutz sich die königlichen Gerichte wegen ihrer Bedeutung als Lehnsobjekte, als in der mittelalterlichen Gesellschaftsordnung ergiebigste Quelle von Wohlstand und Macht, d. h. als Statusgrundlage[71] der Adelsgeschlechter jahrhundertelang mit Vorrang annahmen —, sondern als eine auf vertraglicher Basis beruhende, gewinnbringende und nach eigenem Gutdünken umsetzbare Kapitalanlage auffaßten und so die Anforderungen für das Vorliegen eines free tenement als nicht erfüllt ansahen[72]; oder sei es schließlich, weil der Landpächter anfangs außerhalb des lehnsrechtlichen Gebäudes stand und nicht nur kein freies, sondern überhaupt kein tenure innehatte[73]. Zu Beginn des 13. Jahrhunderts jedenfalls konnte er lediglich mittels der action of covenant gegen den Verpächter (engl. lessor) auf Erfüllung der Pachtvereinbarung bzw. Schadensersatz klagen. Die erstmals um 1230 von William Raleigh bewilligte action of quare ejecit infra terminum[74] schützte ihn gegen diejenigen, denen der lessor das Pachtland verkauft oder zu Lehen übertragen hatte. Wenig später ergänzte eine neue, gegen jeden Besitzstörer gerichtete Klage seinen Rechtsschutz: das writ de ejectione firmae, welches anfangs nur auf Schadensersatz, seit dem Ende des 15. Jahrhunderts auch auf Besitzrestitution gewährt wurde[75]. Da die alten real actions erheblich umständlicher und langwieriger als das neue Rechtsmittel des termor waren[76], versuchten es die freeholders (Freisassen) auch für ihre

---

[69] Vgl. *Bracton* fol. 165.
[70] *Pollock/Maitland* II 115; „English law", so lautet ihr häufig zitierter Ausspruch in diesem Zusammenhang, „for six centuries and more will rue this youthful flirtation with Romanism". Vgl. auch *Milsom*, Einleitung zu Pollock/Maitland XLIII f.
[71] Vgl. *Graveson*, Status in the Common Law 7 ff. Bezeichnenderweise geht der Terminus „estate" ebenso wie der Ausdruck „personal status" (= persönlicher Stand, Status) auf das lateinische Wort „status" zurück.
[72] So namentlich *des Longrais*, La Conception anglaise de la saisine du XIIe au XIVe siècle 143; vgl. bereits vor ihm *Vinogradoff* in Festschrift für Brunner 576 f.; ferner *Holdsworth*, H. E. L. III 214.
[73] *Challis*, 6 L. Q. R. (1890) 69 ff.; *Simpson* 69 ff.; *Potter* 499.
[74] Wortlaut bei *Bracton*, fol. 220.
[75] Zu Blackstones Zeit hat das Schadensersatzelement seine Bedeutung nahezu vollkommen verloren. Dafür kann der Geschädigte mit der action for mesne profits Ersatz des vom Täter aus dem Land gezogenen Nutzens einklagen; vgl. *Blackstone* III 205; *Millar*, Common-Law Pleading 38 f.
[76] Neben den häufig nur vorgeschützten Entschuldigungsgründen (engl. essoins; vgl. oben S. 57, *Bracton* fol. 334 ff.; allein in 59 der in Bracton's Note Book aufgezeichneten writs of right spielten „essoins" betreffende Fragen eine Rolle, vgl. *Maitland* [ed.] vol. I, p. 178) beruhte die lange Laufdauer und Kostspieligkeit der real actions hauptsächlich auf den Forderungen der

4. Kap.: Die Entwicklung der Klageeinteilung bis Blackstone

Zwecke zu nutzen. Eine eigenartig ausgeklügelte, gegen Ende des 17. Jahrhunderts zu voller Blüte entwickelte Fiktion[77], die von den Gerichten nach anfänglichem Widersetzen geduldet wurde, verhalf ihnen zum Erfolg: die nunmehr action of ejectment genannte Klage stand außer dem termor und copyholder (seit dem späteren 16. Jahrhundert)[78] auch dem freeholder offen.

Die Entstehungsgeschichte führt uns die Schwierigkeit der Frage, ob die action of ejectment als real oder personal einzugruppieren ist, deutlich vor Augen. Einerseits lag der Ursprung der Ejectmentklage in einem writ of trespass on the case, dessen Form sie kraft der erwähnten Fiktion theoretisch auch beibehielt; der Klagegrund bestand in einem Delikt; Pächter und Hintersasse konnten sie benutzen. Andererseits verhalf sie, was per definitionem nur eine real action vermochte, dem freeholder zur Restitution seines Lehnsbesitzes. Blackstone rechnet sie nicht zu den realen, sondern zu den personalen Klagen[79]. Im Real Property Limitation Act von 1833 fällt die action of ejectment unter die Rubrik der real und mixed actions[80]. Tatsächlich aber paßt sie in keine der drei Klagegruppen[81].

(2) Dem writ of covenant real liegt eine urkundlich festgehaltene Vereinbarung zugrunde, durch die ein Stück Land verkauft oder zu Lehen übertragen wird. Die Klage richtet sich nicht auf Schadensersatz, sondern auf Naturalerfüllung: der Sheriff ist angewiesen, den Beklagten zu zwingen, dem Vertrag nachzukommen (quod conventio teneatur). Blackstone wählt bei der Eingruppierung der Klage den —

Beklagten nach einer Augenscheinseinnahme (engl. view) der umstrittenen Grundstücke. Ein view diente dem Zweck, die genaue Identität des Landes festzustellen, was — etwa wenn die Felder weit in der Gegend verstreut lagen — in früheren Zeiten nicht gerade einfach war; vgl. dazu etwa die ausführlichen Beschreibungen bei *Bracton* fol. 376 b ff.

[77] A, ein tenant in fee (tail, for life), klagte im Namen eines fingierten Pächters John Doe, gegen einen — ebenfalls erdachten — Pächter des wahren Beklagten B, Richard Roe, und brachte dazu vor: Doe habe das Land in Besitz genommen, sei aber von Roe (gemeinhin „casual ejector" genannt) daraus vertrieben worden. Der deshalb verklagte Roe habe B aufgefordert, der Klage an seiner Stelle beizutreten. B mußte nun der Aufforderung nachkommen, wollte er das Grundstück nicht durch ein Ausschlußurteil verlieren, konnte sich aber nur einlassen, wenn er die Verpachtung, die Besitzergreifung durch Doe (engl. entry) und die Vertreibung durch Roe (engl. ouster) nicht bestritt. Streitpunkt blieb dann allein, ob A oder B das bessere Recht an dem Land innehatte; vgl. hierzu und zu der Entstehungsgeschichte der Klage überhaupt: *Blackstone* III 200 ff.; *Maitland*, Forms of Action 56 ff.; *Millar*, Common-Law Pleading 35 ff.; *Holdsworth*, H. E. L. VII 4 ff., 10 ff.; *Sutton* 52 ff.; *Potter* 509 ff.; *Simpson* 135 ff.; *Plucknett*, History 373 f.
[78] *Simpson* 154.
[79] *Blackstone* III 117 f.
[80] 3 & 4 Will. IV c. 27 sec. 36.
[81] *Maitland*, Forms of Action 77, stellt in diesem Zusammenhang fest: „The truth is that this classification never fitted our law very well."

so scheint es — einzig gangbaren Mittelweg: „covenant real seems to be partly of a personal and partly of a real nature"[82], wobei — das sei wohl bemerkt — das personale Element nicht, wie es bei den ‚mixed actions' der Fall ist[83], auf Schadensersatz als eines der Klageziele, sondern auf die conventio als materiellen Rechtsgrund zurückzuführen ist.

III. Bleibt somit der privatrechtliche Klagegrund neben dem Klageziel als Gesichtspunkt für die Einteilung der Aktionengruppen bedeutsam, stellt sich die Frage, welche Rolle das dritte von Bracton herangezogene und von dem Verfasser des Modus Componendi Brevia (entstanden ausgangs des 13. Jahrhunderts) übernommene[84] Kriterium, der mesne process, in der Folgezeit spielt.

1. Das Säumnisverfahren der überkommenen real actions ändert sich nicht. Bleibt der Beklagte trotz ordnungsgemäßer Ladung aus, ohne zuvor Entschuldigungsgründe vorgebracht zu haben, weist das Gericht den Kläger in den Besitz ein, ohne dem derzeitig unterlegenen Gegner die Einbringung einer neuen Klage über dieselbe Streitsache zu einem späteren Zeitpunkt zu verwehren.

2. Bei den personal actions verschärfen sich die Druckmittel, die den Beklagten zum Erscheinen im Gericht veranlassen sollten. Blackstone gliedert das ordentliche Verfahren in fünf Stufen[85]:

(1) summons (Vorladung);

(2) attachment (lat. pone) by gage and safe pledges: der Beklagte muß sich unter Stellung von Pfändern und Bürgen zum Erscheinen verpflichten. Rügt der Kläger die Verletzung des Königsfriedens, wie z. B. im Falle des writ of trespass vi et armis, beginnt die Klage mit einem writ of attachment anstatt einer Vorladung;

(3) distringas (engl. distress infinite): der Sheriff ist angewiesen, anfangs vorläufig, später endgültig die Fahrhabe und Erträge (engl. issues) der Ländereien zu beschlagnahmen, die grundsätzlich der Krone zufallen;

---

[82] *Blackstone* III 156; vgl. auch *Maitland*, Forms of Action 77.
[83] Vgl. das Beispiel der Übernutzungsklage (action of waste) oben S. 69 Fußn. 20.
[84] Vgl. Ausgabe *Woodbine*, in Four Thirteenth Century Law Tracts, 143 f.: Istud vero placitum in quo exit breve de iudicio quod vocatur magnum Cape vel parvum propter defaltam tenentis, ad capiendum tenentum in manum domini Regis, dicitur placitum terrae (oder: actio realis, vgl. oben S. 67 Fußn. 9). Istud vero placitum in quo exit breve de iudicio de magna districtione, ut defendens distringatur per terras et catalla, ut veniat ad respondendum, dicitur placitum transgressionis (oder actio personalis, vgl. oben S. 67 Fußn. 9).
[85] *Blackstone* III 279 ff.; zur Entwicklung von Bracton bis zur Zeit Eduards I. (1271—1307) vgl. *Sutherland*, 82 L. Q. R. (1966) 486 ff.

(4) capias ad respondendum (Haftbefehl); ursprünglich auf writs of trespass vi et armis beschränkt, wird dieses wirkungsvolle Zwangsmittel im Laufe der Zeit bei nahezu allen personal actions zugelassen[86];

(5) outlawry (Rechtlosigkeit).

Soweit das normale Schema; tatsächlich aber weichen die meisten Klageverfahren je nach der Natur der Klage, der Person des Beklagten oder der Art des zuständigen Gerichts teilweise erheblich davon ab[87]. Bedeutsam wird für den Zusammenhang unserer Untersuchung die zunehmend ausgenützte Möglichkeit, die Klage durch ein writ of capias einzuleiten, wobei der Beklagte seine Arrestierung durch Stellung von Bürgen (common bail) abzuwenden pflegte. Seit 1725 konnte der Kläger dann nämlich das Erscheinen des Beklagten, wenn diesem das writ persönlich zugestellt worden war, durch eine Fiktion ersetzen[88]. Damit waren die Anfänge eines echten, mit einem Urteil abschließenden Säumnisverfahrens bei personal actions gelegt. Die Unterschiede zwischen real und personal actions hinsichtlich des mesne process blieben jedoch auch zu Blackstones Zeit erhalten.

---

[86] Z. B. im Jahre 1352 bei den actions of debt, detinue und replevin (25 Edw. III c. 17); im Jahre 1504 bei allen actions on the case (19 Hen. VII c. 9).

[87] Für die zahllosen, hier nur verwirrenden Einzelheiten sei auf *Blackstone* III 282 ff. und *Holdsworth*, H. E. L. IX 248 ff., 252 ff. verwiesen.

[88] 12 Geo. I c. 29 sec. 1; dazu *Millar*, Civil Procedure of the Trial Court 361 f.

Fünftes Kapitel

Das Ende der Klageeinteilung und ihre Nachwirkungen auf das geltende Recht

I. Die zunehmende Erstarrung des Formelwesens im common law und auch der Rechtsprechung nach equity, durch die der Kanzler, rechtsschöpferisch tätig werdend, seit dem späten 15. Jahrhundert lange Zeit hindurch die Härten des in vielen Punkten überholten und festgefahrenen Writsystems zu mildern vermocht hatte[1], machte in England zu Beginn des 19. Jahrhunderts grundlegende gesetzliche Reformen notwendig. Die Reformversuche führten schließlich in verschiedenen Abschnitten, beginnend mit dem Uniformity of Process Act von 1832 und endend mit dem Supreme Court of Judicature Act von 1873, zu der Abschaffung der „forms of action", der Klageformeln[2]. Damit wurde zugleich unserer Unterscheidung von real und personal actions der Boden entzogen.

Die real actions, im frühen common law die häufigsten und wichtigsten vor der curia regis verhandelten Klagen, waren bereits mit dem Aufkommen des writ of ejectment allmählich außer Gebrauch geraten[3]. Dieses dem freeholder zeit- und kostensparende Rechtsmittel griff allerdings nicht ein, wenn keine physische Besitzergreifung erfolgen konnte; für den Schutz von Patronatsrechten (advowsons), Gemeinheiten (commons) und anderen incorporeal hereditaments eignete es sich daher nicht[4]. Der Real Property Limitation Act von 1833[5] schaffte alle real actions ab, mit Ausnahme der Wittumsklagen, des writ of right of dower und des writ of dower unde nihil habet[6], und der Klage um ein

---

[1] *Holdsworth*, Some Makers of English Law 91 ff.; 131 ff.

[2] Ausführliche Darstellung bei *Hepburn*, The Historical Development of Code Pleading in America and England 643 ff.; ferner *Maitland*, Forms of Action 80 f.; *Holdsworth*, H. E. L. XV 104 f.; *Sutton* 194 ff. (Kritik: S. 201 ff.); *Millar*, Civil Procedure of the Trial Court 53 f.; *Peter* 76 ff.; *Curzon* 88 f.; *Potter* 61 f.

[3] Vgl. oben S. 78 f.; eingehend *Holdsworth*, H. E. L. VII 4 ff.

[4] *Blackstone* III 206.

[5] 3 & 4 Will. IV c. 27 sec. 36.

[6] Damit klagte die überlebende Ehefrau ihren Wittumsanspruch auf ein Drittel des Nachlasses des Ehemannes ein, je nachdem, ob ihr der Anspruch teilweise (writ of right of dower) oder in vollem Umfang vorenthalten wurde (writ of dower unde nihil habet); vgl. *Peter* 106 mit Nachweisen.

5. Kap.: Das Ende der Klageeinteilung und das geltende Recht 83

Patronatsrecht (writ of quare impedit), die noch bis zum Jahre 1860 überlebten[7]. Als Herausgabeklage von Liegenschaften blieb allein die action of ejectment erhalten, bei der die umständliche Fiktion „John Doe - Richard Roe" im Common Law Procedure Act von 1852 (15 & 16 Vict. c. 76 ss. 168 ff.) verschwindet.

Die personal actions, deren mesne process im Uniformity of Process Act von 1832[8] vereinheitlicht wurde und eine Inhaftierung des säumigen Beklagten nicht mehr vorsah, verloren durch die Reformvorschriften der Common Law Procedure Acts zwei ihrer Wesenszüge: seit 1852 bildet das Erscheinen des Beklagten keine Voraussetzung mehr für das Stattfinden eines Prozesses, und seit 1854 kann das Gericht bei Herausgabeklagen auf ein chattel dessen Restitution anstelle des Wertersatzes in Geld vorschreiben[9]. Nachdem sec. 2 des Common Law Procedure Act von 1852 bereits für sämtliche Klagen nach common law einen einheitlichen Prozeßbeginn vorgeschrieben hatte, ohne die Bedeutung der original writs für die Klagesubstantiierung in den Parteivorträgen (pleadings), für die anzuwendenden Beweismittel und die Auswahl der precedents zu schmälern, führte der Judicature Act von 1873[10] die gesetzlichen Reformen mit der Vereinigung von common law- und equity-Verfahren zu einen vorläufigen Abschluß: für ‚legal' und ‚equitable claims' stand fortan ein- und dieselbe Klageform zur Verfügung[11].

Ähnlich wie in England und unter wechselseitiger Einflußnahme verlief die Entwicklung in den Vereinigten Staaten, die — mit Ausnahme von Texas und Louisiana[12] — das Gebäude der personal und teilweise auch der real actions[13] im Grundsatz von dem englischen Mutterland übernahmen. Wenige Jahrzehnte nach der Unabhängigkeitserklärung, welche die Stellung der gesetzgebenden Körperschaften in den ehemaligen Kolonien stärkte, wurde auch hier der Ruf nach gesetzlichen Re-

---

[7] *Common Law Procedure Act*, 23 & 24 Vict. c. 126 sec. 26.
[8] 2 & 3 Will. IV c. 39.
[9] 15 & 16 Vict. c. 76 ss. 26 ff., (dazu *Holdsworth*, H. E. L. XV 106) bzw. 17 & 18 Vict. c. 125 sec. 78.
[10] 36 & 37 Vict. c. 66; an seine Stelle trat inzwischen der *Supreme Court of Judicature (Consolidation) Act* von 1925 (15 & 16 Geo. 5 c. 49).
[11] 36 & 37 Vict. c. 66 sec. 24; 15 & 16 Geo. 5 c. 49 ss. 36 et sequ.
[12] Hier gelang es dem Formelwesen nicht, Fuß zu fassen. In Louisiana erging bereits zwei Jahre nach der Eingliederung in die Vereinigten Staaten (1803) ein von Livingstone nach französischem Vorbild geschaffenes Prozeßgesetz, das für ein Formelsystem keinen Raum ließ und statt dessen einen einheitlichen Klagebeginn für alle Zivilstreitigkeiten vorsah; vgl. dazu und zu den späteren *Codes of Procedure* von 1825 und 1870 *Hubert*, 22 Tulane L. J. (1947/48) 461 ff. Bezüglich Texas vgl. *American Jurisprudence*, vol. 1 sec. 54 Note 14.
[13] Vgl. *Pound*, Jurisprudence V 446 Fußn. 17; *American Jurisprudence*, vol. 1 sec. 38.

formen laut. Nach einigen Vorläufern, z. B. in Georgia, brachte der unter Mitwirkung des unermüdlichen Kodifizierers David Dudley Field (1805—1894)[14] entworfene New York Code of Civil Procedure von 1848 die richtungsweisende, von den Gerichten anfangs allerdings häufig mißachtete Neuerung, indem sec. 62 anordnete:

> The distinction between actions at law and suits in equity, and the forms of all such actions and suits heretofore existing, are abolished; and there shall be in this state, hereafter, but one form of action for the enforcement or protection of private rights and the redress of private wrongs, which shall be denominated a civil action[15].

Seither hat die überwiegende Zahl der Einzelstaaten gesetzliche Reformen vorgenommen[16] und das Formelwesen teils ganz abgeschafft[17], teils auf wenige Muster zusammenschrumpfen lassen[18]. Im Jahre 1938 folgte schließlich die bundesstaatliche Gerichtsbarkeit nach; Rule 2 der Federal Rules of Civil Procedure bestimmt:

> There shall be one form of action to be known as „civil action"[19].

II. Soweit die wesentlichen Daten der legislativen Reformbestrebungen des 19. und, in den Vereinigten Staaten, des 20. Jahrhunderts. Indem der Gesetzgeber das Ende der real actions, soweit diese nicht bereits vorher zu praktischer Bedeutungslosigkeit herabgesunken waren, herbeiführte, dann in den meisten Jurisdiktionen die verbleibenden Klageformeln endgültig abschaffte oder zumindest ihre Anzahl auf einige wenige Muster einschränkte, entzog er, im Ergebnis, der historischen Unterscheidung von real and personal actions die Grundlage. Während das Begriffspaar in manchen Staaten der U.S.A. weiterhin Verwendung findet, ist es im heutigen Sprachgebrauch englischer Juristen wenn nicht verschwunden, so doch rar geworden. Unabhängig davon stoßen wir jedoch im geltenden Recht hier und da auf Spuren, die die verblaßte Erinnerung an die Klassifikation der Klagen wachrufen. Die Ursache hierfür liegt letztlich in der von dem Gesetzgeber gewählten inhaltlichen Begrenzung der Reformen sowie in der man-

---

[14] Näheres über Field bei *Wagner*, 2 St. Louis Univ. L. J. (1953) 347 ff.
[15] New York Laws 1848, c. 379, p. 510.
[16] Einzelnachweise über die heutigen, von Staat zu Staat verschiedenen Regelungen bei *Blume/Reed* 605 ff.
[17] Das ist in insgesamt 34 Staaten der Fall, vgl. *Blume/Reed* 605.
[18] Z. B. *General Laws of Massachusetts*, 1933, c. 231, sec. 1: "There shall be three divisions of personal actions —
First, Contract, which shall include actions formerly known as assumpsit, covenant and debt, except actions for penalties.
Second, Tort, which shall include actions formerly known as trespass, trespass on the case, trover and actions for penalties.
Third, Replevin."
Auf die real action, die Klage auf Herausgabe von Land (recovery of land), nimmt u. a. sec. 142 Bezug.
[19] *Fed. Rules Civ. Proc.* rule 2, 28 U.S.C.A.; vgl. auch die dortigen Anmerkungen.

5. Kap.: Das Ende der Klageeinteilung und das geltende Recht 85

gelnden Bereitschaft der Gerichte, den auf ungewohntem Weg, von außen, kommenden Neuerungen in der täglichen Praxis zu voller Wirksamkeit zu verhelfen. Um diesen Zusammenhang verständlich werden zu lassen, ist es zunächst erforderlich, die Tragweite der gesetzlichen Reformen näher auszuleuchten und sich deren Bedeutung für die angloamerikanische Rechtswissenschaft zu vergegenwärtigen.

Parallel den Bestrebungen im römischen Recht und in den auf römischrechtlicher Tradition fußenden kontinentalen Rechtsordnungen läßt sich auch durch die Geschichte des common law eine Entwicklung verfolgen, im Laufe der sich das materielle Recht allmählich von den zuvor tonangebenden prozessualen Kategorien ablöste[20]. Mit der Reformgesetzgebung, die das common law zugleich von dem aus komplizierten Fiktionen und teilweise nur schwer nachvollziehbaren Winkelzügen[21] bestehenden Ballast der geschichtlich gewachsenen Klagearten befreien sollte, trat die langwierige Entwicklung in ihr Endstadium. Seither ist die Anzahl der statutes sowie deren Bedeutung als Quelle materiellen Rechts ständig gewachsen. Die Richter müssen ihre Beschäftigung mehr und mehr der Anwendung, Auslegung und Überprüfung materiellrechtlicher Gesetzesvorschriften widmen, während die früher vorherrschende Funktion, durch Eröffnung neuer und Variationen alter Klagemöglichkeiten das Recht schöpferisch fortzubilden, demgegenüber in den Hintergrund rückte. Der allmähliche Vorgang der Überwindung der Vorherrschaft des Verfahrensrechts und der Abtrennung einer selbständigen vorprozessualen Normenordnung ist dadurch zwar weiter vorangetrieben worden[22]. Wenn die Entwicklung bis heute trotzdem nicht — weniger noch als im deutschen Recht[23] — zum Abschluß gekommen ist, so ist dafür nicht zuletzt die durch jahrhundertelange Übung fest verwurzelte Eigenschaft des Juristenstandes verantwortlich, das Interesse mehr der Lösung konkreter, zur gerichtlichen Entscheidung anstehender Streitfälle, denn der Herausarbeitung

---

[20] Vgl. *Peter* 61—80 mit reichhaltigen Hinweisen; ferner: *Maitland*, Forms of Action 1 ff.; 78 f.; *Pollock/Maitland* II 562 f.; *Millar*, Civil Procedure of the Trial Court 3 ff.; *Lawson*, A Common Lawyer Looks at the Civil Law 139 ff.; *Esser*, Grundsatz und Norm in der richterlichen Fortbildung des Privatrechts 183 f.; *Lévy - Ullmann* 134 ff.; *Kaufmann*, JZ 1964, 482 ff.

[21] Vgl. etwa den bei *Holdsworth*, H. E. L. III 626, wiedergegebenen Ausspruch von Sir John Fortescue, Chief Justice of the King's Bench unter Heinrich VI.: „Sir, the law is as I say it is, and so it has been laid down ever since the law began; and we have several set forms which are held as law, and so held and used for good reason, though we cannot at present remember that reason" (Year Book 36 Henry VI, plea 21 [S. 25 f.]).

[22] Vgl. *Evershed*, Current Legal Problems 6 (1953) 1 ff.; *Hand*, The Spirit of Liberty 113 ff., 155 ff. — Eine ähnliche Wirkung haben in den Vereinigten Staaten zusätzlich die Restatements ausgeübt.

[23] Zum Verhältnis materieller und verfahrensrechtlicher Normen im deutschen Recht vgl. *Binder*, Prozeß und Recht, 1927; *de Boor*, Gerichtsschutz und Rechtssystem, 1941.

der zugrundeliegenden Rechtsbeziehungen zuzuwenden. Noch heute prüft der englische Richter oder Anwalt weniger, ob das Verhalten des Beklagten dem Beschwerdeführer einen materiellen Anspruch verleiht, sondern vorzugsweise, ob es die Erhebung der Klage rechtfertigt[24]. Die an das prätorische „Quae sit actio?" erinnernde Frage „Does an action lie?" bildet nach wie vor den Ausgangspunkt seiner Untersuchung.

1. Deutlicher als heute trat solche verfahrensbezogene Denkweise in den früheren Entwicklungsphasen des common law in Erscheinung. Sie bildet den Hintergrund der in dem gängigen Schlagwort ‚remedies create rights' zum Ausdruck kommenden Auffassung, das materielle englische Recht sei rund um den Kern bestimmter und individuell gewährter Rechtsbehelfe emporgewachsen. „Substantive law has at first the look of being gradually secreted in the interstices of procedure" lauten die klassischen Worte Maines[25], und Maitland stellt fest: „Legal remedies, legal procedure, these are the all-important topics for the student. These being mastered, the knowledge of substantive law will come of itself. Not the nature of rights, but the nature of writs must be his theme. The scheme of the „original writs" is the very skeleton of the Corpus iuris. So thought our forefathers ...[26]". Ähnlich meint Holdsworth, man müsse, um die Ursprünge des materiellen Rechts aufzuspüren, in der Regel auf die frühere Geschichte der Klageformeln blicken[27] sowie, bezüglich der equity: „Equity, ..., was no exception to the general rule that the adjective part of the law is developed before the substantive[28]." Roscoe Pound wiederum stellt der logischen Rangfolge der Begriffskette interest, right, duty, action, remedy die diametral zuwiderlaufende historische Entwicklung von writ, action, duty, right gegenüber[29], während James einprägsam von einem — heute umgekehrten — „master-servant" Verhältnis zwischen Prozeß- und materiellem Recht spricht[30].

In der Tat bieten common law und equity in der Zeit vor den Reformen des 19. und 20. Jahrhunderts eine Fülle von Beispielen, die den Vorrang des Verfahrensrechts sowie die Ausformung und Abgrenzung materieller Berechtigungen als Ergebnis der Zubilligung eines Rechtsbehelfs deutlich aufzeigen. So läßt sich die seit Ende des Mittelalters nachgewiesene begriffliche Trennung der Konzeptionen Gewere (seisin) und einfacher Besitz (possession) allein aus prozessualen Gesichts-

---

[24] *Lawson*, Das subjektive Recht im englischen Deliktsrecht (Law of torts), in *Coing/Lawson/Grönfors* 26 f.; *Bucher*, Das Subjektive Recht als Normsetzungsbefugnis 30 ff.
[25] Early Law and Custom 389.
[26] 3 Harv. L. R. (1889/90) 97.
[27] H. E. L. V 278.
[28] H. E. L. IX 335.
[29] Jurisprudence IV 43.
[30] *James*, Introduction to English Law 69.

5. Kap.: Das Ende der Klageeinteilung und das geltende Recht 87

punkten erklären: nur wem zum Schutz seiner tatsächlichen Sachherrschaft eine der real actions zur Verfügung stand, erkannte man Gewere zu, während Landpächter, Hintersasse und Besitzer beweglicher Habe, die nicht in den Genuß einer real action kamen, lediglich possession innehatten[31]. Erst weil die Chancery jeden Empfänger einer Trustsache, der sich nicht auf einen entgeltlichen und gutgläubigen, d. h. in nicht fahrlässiger Unkenntnis des Trustverhältnisses vollzogenen, Erwerb (purchase for value without notice) berufen konnte, als einen dem Treuhandgeber, dem sog. cestui que trust oder beneficiary, im Innenverhältnis verantwortlichen Treuhandnehmer („trustee") auffaßte, entwickelte sich die Vorstellung, daß dem cestui que trust ein „proprietary interest", und zwar ein dem „legal title" des Trustnehmers vergleichbarer „equitable title", zustand. Erst dank der „equity of redemption", einem Rechtsmittel, das den Schuldner = Sicherungsgeber (mortgagor) berechtigte, seine Pfandsache auch nach Verzug gegen Begleichung sämtlicher Rückstände auszulösen, konnte sich der materiellrechtliche Grundsatz herausschälen, daß die mortgage dem Empfänger in keinem Fall, ohne Rücksicht auf entgegenlautende Vereinbarungen der Parteien, mehr als die Rechtsstellung eines — gesicherten — Gläubigers, also nicht die Position eines Eigentümers, verschaffte[32]. Das freehold estate in tail schließlich stellt im wesentlichen eine materiellrechtliche Widerspiegelung der verschiedenen actions of formedon dar, als deren Folge es sich gegen Ende des 13. Jahrhunderts zu einem eigenständigen Lehen herausbildete[33].

Belegen die erwähnten Beispiele das historische Prius spezifischer Klagemöglichkeiten vor bestimmten, fest umrissenen materiellrechtlichen Instituten, so sollen sie andererseits nicht besagen, daß dem englischen Juristen in früheren Zeiten die Vorstellung vorprozessualer Grundtatbestände wie der Unterschied von Mein und Dein, Gebundensein an förmliche Versprechen, Haftung für grundlos zugefügte Verletzungen etc. gefehlt hat und daß die Richter sich nicht, vielleicht unbewußt und unterschwellig, letzten Endes von der Vorstellung eines zugrundeliegenden schützenswerten Interesses der um Rechtsschutz bittenden Partei leiten ließen. Allein eine derartige Denkweise, bei der Entscheidung von vorprozessualen Interessengesichtspunkten auszugehen, trat als solche nicht eindeutig nach außen hervor; materiellrechtlicher Anspruch und verfahrensrechtliche Durchsetzung bildeten unter dem Mantel des original writ bzw. der querela eine unzertrennbare Einheit. Erst allmählich entwickelte sich die Vorstellung verselb-

---

[31] Vgl. *Holdsworth*, H. E. L. VII 23 ff.; *Simpson* 37 f.; *Cheshire*, Real Property 32; *Potter* 514 ff.
[32] Vgl. *Kohlmann*, Pfandrechte, bei *Heinsheimer* II 508 f.; *Potter* 618 ff. (622 f.).
[33] *Simpson* 77 ff. (82 f.).

ständigter, begrifflich faßbarer vorprozessualer Berechtigungen. Wir haben auf Bractons Bemühungen hingewiesen, das frühe common law anhand aus der römisch-kanonischen Rechtslehre entlehnter Begriffe zu systematisieren; die ersten rd. 100 Folien seines Tractatus enthalten eine bruchstückhafte Aufzeichnung des common law in materiellrechtlicher Form. Zwei Jahrhunderte später unternahm Littleton in seinem Werk „On Tenures"[34] den Versuch, die Masse des englischen Lehns- und Bodenrechts in klar geordneten materiellrechtlichen Vorschriften zusammenzufassen, bis dann Blackstone in den Jahren 1765—68 die erste umfassende Darstellung des englischen Rechts in der Gestalt materiellrechtlicher Regeln schuf[35]. Neben diesen wegbereitenden Schriften deuten einzelne Entscheidungen auf die kommende Rangverlagerung hin. So urteilte Sir John Holt, Chief Justice der King's Bench, in dem präzedenzlosen Fall Ashby v. White[36], daß einem Wähler, der, ohne weiteren Schaden zu erleiden, an der Ausübung seines Wahlrechts gehindert worden war, eine Schadensersatzklage zustehe, und zwar mit der Begründung, daß, woimmer ein Recht anerkannt sei, ein Rechtsbehelf gewährt werden müsse. Angeregt durch seine Beherrschung des schottischen Rechts und seiner Kenntnisse kontinentaler Rechte versuchte Lord Mansfield, der ähnlich seinem Zeitgenossen Blackstone wesentlich zu der dogmatischen Durchbildung und Vereinfachung des englischen Rechts beigetragen hat, in dem Fall Moses v. Macferlan[37], die verschiedenen Anwendungsfälle der action for money had and received auf einen gemeinsamen — materiellrechtlichen — Grundsatz, nämlich: Haftung ex aequo et bono, zurückzuführen[38].

2. a) Die gesetzgeberischen Reformen des 19. Jahrhunderts brachten die Entwicklung nun einen entscheidenden Schritt voran. Das Übergewicht des Verfahrensrechts wich dem des materiellen Rechts, die einzelne Klageformel verlor ihre Stellung als Gestalterin subjektiver Ansprüche, der Rechtsschutz wurde vereinfacht und vereinheitlicht. An die Stelle des Systems eigenartiger ‚forms of actions', nach denen sich ursprünglich jeweils Zuständigkeit der Gerichte, mesne process, Anforderungen an die Parteivorträge (pleadings), Art des Beweisverfahrens, Formen der Vollstreckung und andere verfahrensrechtliche Fragen richteten, trat ein einheitlicher, für alle Zivilklagen anzuwendender Prozeßgang[39]. Er beginnt mit dem writ of summons, einem

---
[34] Über Littleton und sein Werk vgl. *Holdsworth*, H. E. L. II 571 ff.
[35] Einschränkend *Niederländer*, RabelsZ 20 (1955) 13 f.
[36] (1703) 2 Ld. Raym. 938; dazu *Potter* 441.
[37] (1760) 2 Burrow 1005 at 1012; abgedruckt bei *Fifoot* 387 ff.
[38] Vgl. dazu und zu der Gegenansicht Lord Sumners in Sinclair v. Brougham — [1914] A. C. 398. — *Goff/Jones*, The Law of Restitution 12 ff.; *Fifoot* 336 f.; 368; *Rothoeft* 36 ff.
[39] *James* 71 ff.

auf Antrag des Beschwerdeführers im Namen des Königs erlassenen und mit einer knappen Angabe des Klagebegehrens versehenen schriftlichen Befehl an den Beklagten, sich bei Vermeidung eines Versäumnisurteils binnen acht Tagen förmlich einzulassen (enter an appearance). Die schriftlichen Parteivorträge (pleadings), die sich die Anwälte anschließend gegenseitig zustellen und die sie später in der Gerichtsverhandlunge zusammenzufassen und zu beweisen haben, enthalten eine gedrängte Darstellung des anspruchs- bzw. einredebegründenden Sachverhalts. Während früher das Mißgeschick des Klägers, die pleadings an einer falsch ausgewählten form of action ausgerichtet zu haben, unweigerlich zum Prozeßverlust führte, ohne Rücksicht auf eine noch so eindeutig feststehende Haftung aus einer anderen Formel, kann das Gericht die Klage heute nicht mehr mit der Begründung abweisen, der Beschwerdeführer habe eine falsche Anspruchsgrundlage spezifiziert — vorausgesetzt er hat die Tatsachen, die seine Klage zu rechtfertigen vermögen, vollständig vorgetragen und belegt[40]. Komplizierte, häufig zu Unbilligkeiten führende Kunstregeln, die bei der Anpassung der pleadings an die jeweilige form of action strikt zu befolgen waren, entfielen ersatzlos. Kann sich der Kläger auf kein Präjudiz stützen, so braucht er sich nicht mehr um den Nachweis einer engen Analogie mit einer der anerkannten Klageformeln bemühen: es obliegt der Verantwortung des Richters, die Rechtslage anhand der gesamten vorgebrachten Tatsachen zu überprüfen und gegebenenfalls eine neue Haftungsgrundlage anzuerkennen[41]. Ferner wird sowohl in England als auch in den meisten Staaten der U.S.A.[42] die Verbindung von Klagen (joinder of actions), die früher wegen unterschiedlicher prozessualer Eigentümlichkeiten jeder form of action nur in eng begrenzten Fällen, etwa bei den actions of debt und detinue, gestattet war[43], sowie die zuvor ebenfalls nur ausnahmsweise erlaubte Geltendmachung von Gegenansprüchen (counter-claims) in weitem Rahmen zugelassen. Die Fusion der Gerichtsbarkeiten nach common law und equity führte dazu, daß alle Gerichte die im Vergleich zu den strikten, an die gewählte Klageformel gebundenen Rechtsmitteln nach common law erheblich flexibleren equity Rechtsbehelfe gewähren konnten, und schuf schließlich die Voraussetzung für die allgemeine Zulassung des Feststellungsurteils

---

[40] Zur Unabhängigkeit des Richters von der geltend gemachten ‚form of action' vgl. bes. die Entscheidungen *Letang v. Cooper* [1965] 1 Q. B. 223 at pp. 237, 239 per Lord Denning, at pp. 242 per Diplock L. J. (kritisch dazu *Jolowicz*, 1964 Cambridge L. J. 200—202) und *United Australia, Ltd. v. Barclays Bank, Ltd.* [1941] A. C. 1 at pp. 28 per Lord Atkin (Auszug unten S. 99 Fußn. 100).
[41] *Kiralfy*, The English Legal System 39 f.
[42] Im einzelnen bestehen nicht unbeträchtliche Unterschiede, vgl. *Millar*, 14 New York Univ. L. Q. R. (1936) 22 ff.; 214 ff.
[43] Vgl. oben S. 73 f.

(declaratory judgment) in England[44] und einer Anzahl einzelstaatlicher Jurisdiktionen, die den Uniform Declaratory Judgment Act von 1922 angenommen haben, sowie in der Bundesgerichtsbarkeit[45] in den Vereinigten Staaten[46].

b) Andererseits darf man die Auswirkungen, welche die Abschaffung der antiquierten Prozeßformen, bzw. deren Einschränkung auf wenige Muster, in der angloamerikanischen Rechtswelt hervorgerufen hat, nicht überschätzen. „The forms of action we have buried, but they still rule us from their graves", so kennzeichnete Maitland[47], wohl in Anknüpfung an eine Äußerung Windscheids[48] bezüglich der römischen Klageformeln, das Ergebnis der legislativen Neuerungen, und aus der Feder Salmonds[49] stammen die ähnlichen Worte: „Forms of action are dead, but their ghosts still haunt the precincts of the law." Tatsächlich erstreckten sich die Reformen in ihrer unmittelbaren Wirkung ausschließlich auf die prozessuale Seite der Klageformeln. An die Stelle des Gebäudes der forms of action trat ein entsprechendes System materiellrechtlicher „causes of action", deren tatbestandliche Voraussetzungen der Kläger genauso lückenlos und exakt vorbringen und beweisen mußte wie früher die für seinen Fall passende Formel[50]. Der Gesetzgeber schuf zwar einen einheitlichen Prozeßgang, nur zögernd aber folgte die Systematisierung des Privatrechts im Wege der Entwicklung übergreifender und Zusammenhang verleihender Prinzipien nach.

So sind die Versuche angloamerikanischer Juristen, eine allgemeine Theorie deliktischer Haftung herauszuarbeiten[51], bis heute ohne durch-

---

[44] Zusammenfassung der geschichtlichen Entwicklung und Überblick über den gegenwärtigen Stand bei *Zamir*, The Declaratory Judgment, chapt. 2, pp. 7.

[45] *Judicial Code* § 274 d; 28 U.S.C.A. § 400 (1934); ersetzt durch *28 U.S.C.* § 2201, 2202.

[46] Vgl. insgesamt *Millar*, 14 New York Univ. L. Q. R. (1936) 214 ff., 219 f.

[47] Forms of Action 2.

[48] In der eine Generation vorher, im Jahre 1856, erschienenen Schrift ‚Actio des römischen Civilrechts', S. 232; dazu *Kaufmann*, JZ 1964, 488 Fußn. 100. *Peter* vermutet zwar, *Maitland* habe die auf dem Kontinent bereits frühzeitig Diskussionen auslösende Abhandlung *Windscheids* nicht gekannt (Actio und Writ, S. 61). Das ist angesichts der zahlreichen Hinweise auf deutschsprachige Rechtsliteratur in Maitlands Werken, der Bekanntheit der Schrift Windscheids sowie des regen Gedankenaustauschs, in dem *Maitland* mit verschiedenen deutschen Rechtsgelehrten seiner Zeit, namentlich *Brunner*, gestanden hat, jedoch wenig wahrscheinlich.

[49] In 21 L. Q. R. (1905) 43.

[50] Vgl. etwa *Esso Petroleum C. v. Southport Corp.*, [1956] 2 W. L. R. 81 (H. L.).

[51] Nach den Klassikern *Holmes* und *Wigmore* in den USA sowie *Pollock* und *Winfield* in England ist hier, aus jüngster Zeit, bes. *Millner* zu nennen, der in der Monographie ‚Negligence in Modern Law' das Haftungsprinzip negligence in den Mittelpunkt des law of torts zu rücken sucht.

5. Kap.: Das Ende der Klageeinteilung und das geltende Recht 91

schlagenden Erfolg geblieben[52]. Ihnen stand im Wege, daß die überlieferten, mehr oder weniger eigenständig und unabhängig voneinander gewachsenen, auf ein weites Anwendungsgebiet ausgedehnten tort actions (trespass, trover and conversion, libel, slander etc.) in einem neuen, materiellrechtlichen Gewand als sog. „specific (nominate) torts" mit jeweils eigenen Haftungsvoraussetzungen und unterschiedlichen Einreden in der gerichtlichen Praxis ein zähes Leben bewiesen. Als Folge davon stellt sich das law of torts nicht nur dem auswärtigen Betrachter noch heute weniger als eine von allgemein formulierten Grundsätzen getragene Einheit, denn als bloße Aneinanderreihung verschiedenartiger Einzeldelikte dar, bei der es an widersprüchlichen Regelungen, Tatbestandslücken und Überschneidungen[53] nicht fehlt[54].

Auch das Obligationsrecht verrät in vielfältiger Weise das Fortwirken der alten Klageformeln. Der Begriff contract i. e. S. etwa schließt nur solche Schuldverhältnisse ein, die in das Anwendungsgebiet der Assumpsitklage fielen; nicht zu ihnen zählt demnach, da früher mittels eines writ of covenant realisierbar, u. a. die Kreditschenkung[55]. Dem entspricht es, daß es zur Rechtsverbindlichkeit einer Schenkung (gift) — abweichend von der Auffassung des BGB, nach der die schenkweise Zuwendung durch einen Vertrag erfolgen muß — keiner Annahmeerklärung des Beschenkten bedarf[56]. — Erbe der alten forms of action ist weiter der im heutigen angloamerikanischen Kaufrecht tief verwurzelte Grundsatz, daß die Sanktion eines Vertragsbruchs im Regelfall aus einer Klage auf Schadensersatz in Geld besteht und der Anspruch auf Naturalerfüllung statt dessen nur ausnahmsweise, wenn der Richter damages nach freiem Ermessen als unzulänglich empfindet (z. B. bei Grundstücken, einmaligen Kunstwerken und anderen nur sehr schwer ersetzbaren Gütern), im Wege einer durch ein decree angeordneten Zwangsvollstreckung gegen die Person des Beklagten durchgesetzt wird[57] — was ursprünglich in so geschaffenen Fällen

---

[52] Dazu *Potter* 392 ff.; *Marsh*, RabelsZ 20 (1955) 643 ff.; *Cartwright*, 13 Int. & Comp. L. Q. (1964) 1324 ff.
[53] Ein eindrucksvolles Beispiel, auch für die Überwindung dadurch hervorgerufener Schwierigkeiten, bietet der Fall *Letang v. Cooper*, [1965] 1 Q. B. 232 (Überschneidung von trespass und negligence; wichtig wegen unterschiedlicher Verjährungsfristen).
[54] Vgl. *Cartwright*, 13 Int. & Comp. L. Q. (1964) 1328 f.; *Salmond*, Law of Torts 43 f.
[55] Weitere Beispiele: der Verwahrungs-(bailment) und Treuhandvertrag (trust), vgl. *David/Grasmann* 334.
[56] Hinsichtlich der Formerfordernisse einer Kreditschenkung stimmen beide Rechtskreise dagegen, wenn auch aus verschiedenen Gründen, bekanntlich überein: hier die gerichtliche oder notarielle Beurkundung des Antrags des Schenkers (§ 518 Abs. I S. 1 BGB), dort die Vorschrift, das handschriftlich unterzeichnete Versprechen mit einem Siegel versehen zu lassen.
[57] Vgl. *Sale of Goods Act*, 1893 (56 & 57 Vict. c. 71) sec. 52; *Hire-Purchase Act* 1965 (1965 c. 66) sec. 35 (4); sec. 2—716, *Uniform Commercial Code*.

allein den courts of equity möglich war, während die common law courts lediglich bei den real actions Naturalherstellung anordnen und erzwingen konnten. Die Bedeutung dieses Grundsatzes, nämlich damages als Regel, specific performance als Ausnahme zu betrachten, für die Rechtsordnungen Großbritanniens und der Vereinigten Staaten zeigte sich jüngst bei der Ausarbeitung des Einheitlichen Gesetzes über den internationalen Kauf beweglicher Sachen und fand in der nach schwierigen Verhandlungen angenommenen kompromißartigen Fassung der einschlägigen Bestimmungen ihren Niederschlag: die Artikel 16, 24, 25, 41, 42, 67 des im Haager Abkommen vom 1. 7. 1964 beschlossenen Gesetzentwurfs[58] sowie Art. VII Abs. I der Rahmenkonvention[58] nehmen, anstatt wirklich einheitliche Lösungen anzubieten, im wesentlichen die Regelungen der auf unterschiedliche Prinzipien eingeschworenen nationalen Kaufrechte in sich auf.

Oder nehmen wir folgenden Fall an: A hat ein Ölgemälde an B ausgeliehen, das dieser durch Veräußerung an einen gutgläubigen Dritten in sein Vermögen einverleibt (converts). A stehen dann zwei Ansprüche gegen B zur Auswahl, denen er sich je nach den Umständen bedienen wird: ersterer geht auf den Wert des Bildes einschließlich der Zinsen seit der conversion, der zweite geht auf Auskehrung des Verkaufserlöses. Während das Ergebnis im deutschen Recht aus der Anwendung gesetzlicher Vorschriften, nämlich der §§ 823; 687 II 1 i. V. m. 677, 678; bzw. §§ 816 I 1; 687 II 1 i. V. m. 681, 667 BGB, folgt, beruht es im angloamerikanischen Recht auf dem Erbe der action of trover in dem einen und dem der action for money had and received im anderen Fall[59].

Deutlich offenbaren sich die Nachwirkungen des Aktionendenkens schließlich im Internationalen Privatrecht. Hier hat die Gewohnheit der Richter, Klageformeln als Ausgangspunkt ihrer Tätigkeit zu verwenden, zu einer weiten, nach Auffassung des deutschen Rechts den Kreis der verfahrensrechtlichen Fragen eindeutig überschreitenden Ausdehnung jenes Bereiches beigetragen, der sich als „law of procedure" nach der lex fori bestimmt: zu prozessualen Angelegenheiten werden beispielsweise die Fragen der Verjährung, der Aufrechnung und der Höhe eines Schadensersatzes[60]. — Ferner lehnen englische und amerikanische Gerichte ihre Zuständigkeit für die Durchsetzung materieller Ansprüche, die dem Antragsteller nach dem anzuwendenden fremden Recht

---

[58] Abgedruckt in RabelsZ 29 (1965) 166 ff.; dazu *Riese*, ebd. 28 f., 37 f., 55 ff., 73 f.; *Szakats*, 15 Int. & Comp. L. Q. (1966) 770 f.
[59] Vgl. *Millar*, Civil Procedure of the Trial Court 3 f.; *Halsbury's* Laws of England, vol. 38 p. 798; *Sutton* 11.
[60] Vgl. dazu *Niederländer*, RabelsZ 20 (1955) 16 f., 44 f. mit zahlreichen Nachweisen. Zur Kritik der Regelung vgl. z. B. *Stimson*, Conflict of Laws 27 ff.; *Graveson*, Conflict of Laws 516 ff.

zustehen, dann ab, wenn die lex fori eine passende „form of action" (gemeint ist: den eingeklagten Anspruch der *Art* nach) nicht kennt; so fände etwa ein uneheliches Kind für eine Unterhaltsklage aus dem anzuwendenden § 1601 BGB (vor dem 1. 7. 1970: § 1708 I a. F. BGB) gegen seinen in England wohnenden (residing), aber in Deutschland beheimateten (domiciled) Vater keine Rechtshilfe, da dem englischen Recht ein entsprechender Unterhaltsanspruch unbekannt ist[61].

Als Zwischenergebnis können wir somit festhalten: einerseits brachen die Reformgesetze in England und den Vereinigten Staaten die Vorherrschaft der veralteten, mit Formalitäten überladenen Prozeßformen und vereinheitlichten, vereinfachten und beschleunigten den Rechtsschutz; andererseits vermochten sie nicht, das Weiterleben der forms of action in materiellrechtlichen Kleidern zu verhindern, so daß die Kenntnis des Formelsystems nach wie vor als Schlüssel zum Verständnis mancher Eigenarten des geltenden Privatrechts unentbehrliche Dienste leistet. Daraus folgt nun zum einen, daß die historische Unterscheidung real-personal action für das heutige *Verfahrensrecht* — mit Ausnahme einiger Staaten in den USA[62] bedeutungslos geworden ist. Unberührt von den Auswirkungen der prozessualen Reformen blieben jedoch andererseits die Querverbindungen, welche englische Juristen bereits lange Zeit vor dem 19. Jahrhundert zwischen der Klassifikation der Klagen und einem anderen Gebiet, dem law of property, hergestellt hatten. Davon sei im folgenden Abschnitt die Rede.

III. In engem geschichtlichen Zusammenhang stehen real und personal actions nämlich mit der seit Coke geläufigen[63], noch heute im angloamerikanischen Sachenrecht grundlegenden Einteilung der Vermögensrechte in real und personal property (auch: realty — personalty)[64]. Bractons Klassifikation der common law actions verlieh den beiden Vermögensgattungen nicht nur ihren Namen, sondern hat auch auf die inhaltliche Ausgestaltung der zwischen ihnen bestehenden Unterschiede Einfluß genommen. Auf der anderen Seite ist die Abhängigkeit beider Einteilungen voneinander nicht der Art, daß diese jener gar ihre Existenz verdankt, daß also die innere Verschiedenheit

---

[61] *Wolff*, Private International Law, Rdnr. 170 3 mit Nachw. und weiteren Beispielen; ferner *Graveson*, The Conflict of Laws 535. — Eine entsprechende Funktion kann im deutschen Internationalen Privatrecht die Vorbehaltsklausel des Art. 30 EGBGB wahrnehmen; vgl. die Beispiele bei *Palandt-Lauterbach*, Art. 30 EGBGB Anm. 5.

[62] Vgl. oben S. 83 f.

[63] Vgl. *Coke* on Littleton 1 b, 6 a, 19 b ff., 118 b; allerdings spricht *Coke* — aus erbrechtlichem Blickwinkel — von real, personal hereditaments. Ferner *Williams*, 4 L. Q. R. (1888) 405 ff.

[64] „Property" kann in sachenrechtlicher Hinsicht dreierlei bedeuten:
(1) i. e. S. die rechtliche Zuordnung eines Vermögenswertes zu einer Person (so auch hier);

5. Kap.: Das Ende der Klageeinteilung und das geltende Recht

zwischen den als realty und personalty bezeichneten Vermögensbereichen sich ausschließlich als Folge und Ergebnis bestimmter Rechtsschutzbegehren (Naturalrestitution im ersten, Verurteilung in Geld im letzteren Fall) herausgebildet hat[65]. Der tiefere Grund für die Trennung von real und personal property liegt vielmehr in dem aus dem fränkischen übernommenen Lehnswesen, auf das Wilhelm der Eroberer seine Herrschaft in England stützte. Gegen die Übertragung eines Lehens verpflichteten sich die Vasallen, für den Staat lebensnotwendige Dienste in Heerwesen und Verwaltung zu verrichten oder Geldleistungen zu erbringen. Als Lehen (lat. feoda, engl. fee) eigneten sich aber nur die Güter, die schwer zu zerstören und leicht identifizierbar waren sowie dem Inhaber sichere Einkünfte verhießen. In Betracht kam daher in erster Linie der Besitz an Grund und Boden einschließlich des Zubehörs (fixtures), aber auch als Sachen verstandene, unkörperliche, ertragbringende und geldwerte Rechte, zu denen Blackstone im entwickelten common law advowsons, tithes, commons, ways, offices, dignities, franchises, corodies, annuities und rents zählte[66]. Das sonstige Vermögen, besonders Fahrhabe (chattels) einschließlich Forderungen (debts), stand hingegen außerhalb des Lehnsnexus. Die Scheidung in lehnsgebundene bzw. -ungebundene Güter zog nun im Laufe der Zeit weitreichende Folgen nach sich, und zwar insofern, als die lehnsrechtlichen Beziehungen zwischen König über Kronvasallen, Zwischenherren bis hinab zu den kleinen Lehnsinhabern mit dem Aufkommen des englischen Zentralstaats während des 12. und 13. Jahrhunderts mehr und mehr an Bedeutung gewannen. Das Lehnsrecht, die Lehre der abgestuften tenures und zeitlich nacheinander gelagerten estates machte den Kernbereich des entstehenden common law aus. Vor allem den Besitzständen der freien Lehnsträger, der freeholders, schenkten Krone und Königsgerichte ihre Aufmerksamkeit, da diese die wirtschaftliche und politische Macht innehatten, auf der das feudale Herrschaftssystem beruhte. Stand kein Interesse der Krone auf dem Spiel, hielten sich die Gerichtshöfe in Westminster zurück: der Rechts-

---

(2) die zugeordneten Gegenstände selbst, wobei aber häufig die Bedeutung unter (1) mitgemeint sein kann; z. B.: this book is my property. Die Ungenauigkeit, die in der zweiten Verwendung liegt, sollte daher als mögliche Fehlerquelle nicht überschätzt werden, zumal — wie *Rabel*, The Conflict of Laws IV 5 f. bemerkt — auch andere Rechtssysteme die Zuordnung einer Sache und die Sache selbst mit einem und demselben Wort bezeichnen, ohne sich von solcher „traditional ambiguity" irreleiten zu lassen.

(3) Ownership im Sinne des deutschen Eigentums.

[65] So aber z. B. *Williams*, 4 L. Q. R. (1888) 405 ff.; ebenso *Tiffany/Jones*, The Modern Law of Real Property I 5 § 3; *von Conrad* 5 ff.; *Pound* V 139 f. Dagegen: *Pollock/Maitland* II 2, 180 ff.; *Vinogradoff*, in Festschrift für Brunner 574.

[66] *Blackstone* II chapt. 2, p. 21; vgl. auch oben S. 68 Fußn. 18.

5. Kap.: Das Ende der Klageeinteilung und das geltende Recht

stellung eines Besitzers beweglicher Habe nahmen sie sich nur zögernd an und mit der eines copyholder beschäftigten sie sich bis in das 16. Jahrhundert überhaupt nicht.

Freier Lehnsbesitz, freehold interests, war nun nichts anderes als das, was erstmals Littleton[67] im 15. Jahrhundert als „realty" bezeichnete. Seine vorrangige Bedeutung für den mittelalterlichen Feudalstaat zeigte sich außer in der Möglichkeit der Aufspaltung in estates, welche an chattels nicht begründet werden konnten, in vier weiteren Bereichen: hinsichtlich der Erbfolgeordnung, der Veräußerbarkeit, des Klageschutzes und des Haftungsrechts.

(1) Verstarb ein Freisasse, fiel der seit spätestens Ende des 12. Jahrhunderts erbliche[68] Lehnsbesitz einschließlich der heir-looms unbeschadet von dower und curtesy, dem ältesten Sohn bzw. dem sonst nach den Regeln der gesetzlichen Erbfolge (canons of descent[69]) erbberechtigten Abkömmling zu und blieb so als „hereditament" im Kern als wirtschaftliche Einheit erhalten. Seine Nachfahren im Wege letztwilliger Verfügungen von der Erbschaft auszuschließen, war dem freeholder bis zum Jahre 1540 nicht gestattet[70]; allerdings umging er das Verbot häufig durch eine nach equity anerkannte Einsetzung eines Treuhänders (cestui que use)[71]. Dagegen galt es für den Besitzer von chattels als strafbare Sünde, kein Testament zu errichten. Unterließ er es trotzdem, beerbten ihn gemäß eines aus dem salischen stammenden und von den zuständigen kirchlichen Gerichten beibehaltenen Grundsatzes seine nächsten Verwandten (next-of-kin), nachdem der Nachlaßverwalter zunächst die noch offenstehenden Erblasser- und Nachlaßschulden beglichen hatte[72].

(2) Die Übertragung von Freilehen wurde im Laufe des 13. Jahrhunderts zulässig; sie unterlag aber, um den Feudalherrn hinsichtlich seiner Ansprüche auf die Lehnsdienste sowie die Nachfahren in ihrer Erberwartung vor einem leichtfertigen Handeln des Inhabers zu

---

[67] Vgl. die Auszüge aus Littletons Tenures bei *Williams*, 4 L. Q. R. (1888) 405 f.

[68] Über den Zeitpunkt herrscht Streit, vgl. *Simpson* 46 ff.

[69] Überblick bei *Ferid-Firsching* III Grdz. B II Rdnr. 13 ff.

[70] Das *Statute of Wills*, 1540, (32 Henr. VIII c. 1; abgedruckt bei *Digby* 387) ließ testamentarische Verfügungen eines tenant in fee simple über den gesamten Umfang des als socage tenure sowie über zwei Drittel des als Ritterlehen empfangenen Landes zu; als der *Abolition of Tenures Act* von 1660 alle military tenures in freie Bürgerlehen umwandelte (dazu oben S. 76), konnte der Erblasser folglich unbeschränkt über Liegenschaften verfügen.

[71] *Holdsworth*, H. E. L. IV 420 ff.

[72] Zur Erbfolge von chattels vgl. ausführlich *Plucknett* 725 ff.; ferner *Czirnich*, Die Stellung des „Executor" im englischen Recht 29 ff.; *Ferid/Firsching* III Grdz. B II Rdnr. 16 ff.

schützen, strengeren Formerfordernissen als die Veräußerung lehnsungebundener Fahrhabe[73].

(3) Klageschutz genoß, wie oben S. 75 ff. gezeigt, der freeholder durch die real actions, und zwar, wenn das Lehen aus Ländereien bestand, durch die writs of right, entry, formedon und die Besitzassisen, wenn es incorporeal rights (advowsons, commons, ways etc.) zum Gegenstand hatte, durch verschiedene Variationen der genannten Klagen[74], z. B. das writ of right of advowson, das einem writ of right oder entry nachgebildete writ quod permittat sowie die von der assize of novel disseisin abgeleitete assize of nuisance. Für die übrigen Vermögensrechte griffen dagegen die personal actions debt, detinue, replevin, covenant etc. ein.

(4) Blieb der in einer personal action unterlegene Freisasse mit der Begleichung der Urteilsschuld im Verzug, so stand dem Gegner — mittels der writs of fieri facias bzw. levari facias vorgehend — bis in die Regierungszeit Eduards I. allein der Zugriff auf die Fahrhabe und Grundstückserträge offen[75]. Erst das Statute of Westminster II, 1285[76], schuf Abhilfe: wenn er es vorzog (elegit), konnte der Gläubiger, statt ein writ of fieri facias zu beantragen, die Hälfte des gegnerischen Grundbesitzes bis zur Befriedigung seiner Urteilsansprüche in Beschlag nehmen und — seit 1864 (27 & 28 Vict. c. 112) — verkaufen lassen. Haftungssubstrat für Erblasserschulden wurde real property im Jahre 1833[77].

Schwierigkeiten bereitete die Einordnung der Landpacht (terms of years). Da dem Pächter keine real action zur Verfügung stand, stuften die Juristen seine Berechtigung als chattel ein[78], das ohne Schwierigkeiten umsetzbar war, sich nach Maßgabe der Regeln über personalty vererbte und in der Vollstreckung unbeschränkt dem Zugriff des Urteilsgläubigers unterlag[79]. Andererseits aber schildert Littleton die Landpacht — mochte sie ein Jahrhundert früher nicht als interest in land oder gar als außerhalb des Lehnsverbandes stehend angesehen worden sein[80] — als feudales Lehen, das den Inhaber zum Treueid verpflichtete[81]. Die Ausdehnung des Rechtsschutzes gegen jeden Besitz-

---

[73] Vgl. *Simpson* 48 ff.
[74] Vgl. dazu *Holdsworth*, H. E. L. III 19 f.; *Fifoot*, chapt. I, S. 1 ff. (11 ff.).
[75] Vgl. oben S. 51.
[76] 13 Edw. I c. 18; Auszug bei *Plucknett*, History 390 f.
[77] Vgl. dazu *Ferid/Firsching* III Grdz. B II Rdnr. 12 Fußn. 8.
[78] Year Book 33—35 Edw. I, p. 165; Bracton fol. 131 und 407 b verwendet den Ausdruck quasi-catallum (= quasi-chattel).
[79] Vgl. *Pollock/Maitland* II 116; *Plucknett*, History 390; *Simpson* 231.
[80] Vgl. oben S. 77 f.
[81] *Littleton* sec. 132; dazu *Challis*, 6 L. Q. R. (1890) 69 ff.; *Megarry/Wade* 44 sprechen dagegen von einem „non-feudal tenure".

störer durch die auf Naturalherstellung gehende action of ejectment führte schließlich zu der Kennzeichnung eines leasehold interest als „chattel real". Als Pachtgegenstände konnten entweder Grundstücke oder ‚incorporeal things real' (advowsons, tithes etc.)[82] dienen[83].

Die Einteilung der Vermögensrechte in real und personal property hat sich in den internen Rechten Englands und der Vereinigten Staaten allem Wandel zum Trotz bis heute erhalten[84]. Sie hat es überstanden, daß ihr Entstehungsgrund, die Trennung von lehnsgebundenen und -ungebundenen Gütern, mit der Überwindung des feudalen Herrschaftssystems inzwischen entfallen ist, auch wenn in England der Form nach das gesamte Land nach wie vor als Lehen, und zwar, seit 1926, als socage tenure, gehalten wird und die Krone — ähnlich wie in den Vereinigten Staaten die Einzelstaaten[85] — die Stellung eines obersten Lehnsherrn einnimmt[86]. Sie hat es ferner überlebt, daß viele ihrer früheren Unterschiede entweder durch die geschichtliche Entwicklung überholt, oder durch gesetzliche Reformen — namentlich während der Jahre 1922—1925 in England[87] — beseitigt worden sind. Sie wurde schließlich aufrechterhalten, obwohl ihre Namensgeber, die real und personal actions, teils abgeschafft, teils ihrer verfahrensrechtlichen Eigenständigkeit beraubt und durch ein System materiellrechtlicher

---

[82] Irreführend ist es daher, die incorporeal things real, die bis auf die Wegerechte, Gemeinheiten und Rentenrechte (dazu oben S. 68) heute teils obsolet, teils von geringer Bedeutung sind, ausschließlich als realty (so aber z. B. *Megarry/Wade* 784 ff.) oder ausschließlich als personalty (so beispielsweise *v. Conrad* 7, 15) zu bezeichnen. Vielmehr gehören sie ebenso wie der Grund und Boden selbst entweder zu der Gattung realty oder zu der Gattung personalty (chattel real), je nachdem ob dem Inhaber ein freehold oder ein leasehold interest zusteht.

[83] Zu der Zwittergruppe der chattels real gehörten außer der Landpacht ferner die durch writs of novel disseisin oder quare eiecit de custodia geschützten, aber wie chattels veräußerlichen und vererbbaren „wardships, the interest of tenant by statute staple, by statute merchant, by elegit and such like" (*Coke* on Littleton 118 b). Wardships waren vormundschaftliche Verwaltungs- und Nutznießungsrechte an dem Lehen eines minderjährigen Vasallen. Die statutes merchant und staple verliehen dem Gläubiger Pfand- und Verwertungsrechte zwecks Sicherung und Befriedigung seiner Forderungen. Tenancy of elegit hieß der in einem gerichtlichen Verfahren erlangte Vollstreckungsbesitz, wie ihn das *Statute of Westminster II* c. 18 gestattete. Vgl. *Digby* 237 ff.; *Pollock/Maitland* II 116; *Plucknett*, History 534 f., 544 f., 390 ff.

[84] Die Konfliktsrechte gehen dagegen ähnlich den kontinentalen internationalen Privatrechten von der Unterscheidung movables — immovables (bewegliches — unbewegliches Vermögen) aus; vgl. *Re Berchthold* [1923] 1 Ch. 192; *Dicey/Morris* 502 ff.; *Beale* II 932 ff.; *Falconbridge*, Essays on the Conflict of Laws 774 ff.; jeweils mit weiteren Nachweisen der einschlägigen Rechtsprechung.

[85] *Vance*, 33 Yale L. J. (1924) 263 ff.

[86] Vgl. *Megarry/Wade* 39 mit Nachw.

[87] Zusammenfassung bei *Cheshire*, Real Property 85 ff.; *Megarry/Wade* 1123 f.

causes of action ersetzt sind. Erst am Anfang stehen die Bemühungen, beide Vermögensgattungen zu einem einheitlichen Sachenrecht zusammenzuschweißen[88].

IV. Die Einteilung real — personal actions hat sich ferner auf die Abgrenzung der Bereiche contract und tort sowie auf die Ausgestaltung des Vermögensschutzes im geltenden angloamerikanischen Recht ausgewirkt. Wir haben gesehen, daß sich mit den personal actions im Gegensatz zu den auf Gewere an einem Freilehen gestützten real actions entweder die Vorstellung eines Delikts (maleficium, transgressio; später: tort or wrong) oder eines Vertragsverhältnisses (conventio, contract) verknüpfte. Es war Bracton[89], der diese Auffassung schon frühzeitig, in der Mitte des 13. Jahrhunderts, in das common law einführte[90]. Ebenso wie Bractons Nachfolger, Britton[91] und Fleta[92], machte auch Blackstone sie sich in seinen Commentaries[93] als Einteilungsprinzip der personal actions zunutze und trug so dazu bei, daß sie die Abschaffung der Klageformeln überleben und sich auf das System der causes of action weitervererben konnte. Im Laufe des 19. und 20. Jahrhunderts erging eine Reihe von Gesetzen, in denen personal actions „founded on contract" und solche „founded on tort" (oder einfach: of [on] contract — of [on] tort) einander gegenübergestellt sind[94].

1. Diese Aufteilung in die Gebiete contract und tort hat dazu geführt, daß sich im englischen Recht trotz manchen Ansatzes — anders als in den Vereinigten Staaten unter dem Restatement of Restitution von 1936 — bis zum heutigen Zeitpunkt keine eigenständige, gleichberechtigt neben das law of contract und law of torts tretende dritte Kategorie von Schuldverhältnissen herausgebildet hat[95], die unter dem Na-

---

[88] *F. H. Lawson* hat in seiner 1958 erschienenen Schrift ‚Introduction into the Law of Property' als erster mit der Tradition, real und personal property als voneinander getrennte Rechtsgebiete darzustellen, gebrochen; vgl. dazu die Anzeige in 73 Harv. L. R. (1959/60) 432.

[89] Fol. 102; oben S. 46.

[90] Fragwürdig daher *Pollock*, Torts 413: „This division (between contract and tort) ... does not rest on any historical authority." *Pollock* beruft sich auf die richtige, jedoch eine nicht kongruente Frage betreffende Feststellung *Deisers* in 25 Harv. L. R. (1911/12) 434, wonach die Trennung von trespass und assumpsit eine „purely modern creation" sei.

[91] Fol. 62 (Bd. I, S. 156 der Ausgabe von *Nichols*).

[92] Lib. II cap. 1 (S. 105 der Edition von *Richardson/Sayles*).

[93] Bd. III, S. 117.

[94] Z. B. *Common Law Procedure Act*, 1852 (15 & 16 Vict. c. 76) Schedule (B); *County Courts Act* von 1888, 51 & 52 Vict. c. 42 ss. 62, 65, 66, 116; 1934, 24 & 25 Geo. 5 c. 53 ss. 40, 44—47; 1955, 3 & 4 Eliz. 2 c. 8 sec. 1; 1959, 7 & 8 Eliz. 2 c. 22 ss. 39, 43—47; *Married Women's Property Act*, 1882 (45 & 46 Vict. c. 75) sec. 12; *Limitation Act*, 1939 (2 & 3 Geo. 6 c. 21) sec. 2 (1) (a); *Law Reform (Limitation of Actions) Act*, 1954 (2 & 3 Eliz. 2 c. 36) sec. 2 (1).

[95] Eingehend *Goff/Jones* 3 ff.; *Fifoot* 363 ff.; *Rothoeft*, Kap. 5, S. 36—47.

5. Kap.: Das Ende der Klageeinteilung und das geltende Recht

men unjust enrichment (restitution, quasi-contract) solche Ansprüche zusammenfaßt, wie sie das deutsche Recht und überhaupt die kontinentalen Rechte im Rahmen der Leistungsbereicherung und im Recht der Geschäftsführung ohne Auftrag[96] abhandeln. Der Grund für die Schwierigkeiten liegt hauptsächlich in der Einordnung der action of indebitatus assumpsit, in der der Kläger gemäß den Formeln quantum meruit, quantum valebat, money had and received oder money paid plädierte[97], unter die Vertragsklagen — was sich seinerseits aus der Entstehungsgeschichte der erwähnten action erklärt. Indebitatus assumpsit dehnte das Anwendungsgebiet der in verfahrensrechtlicher Hinsicht vorteilhaften Assumpsitklage, die sich auf ein ausdrückliches Versprechen stützte, im Wege der Fingierung des Leistungsversprechens auf verschiedene andere Ansprüche aus, denen das Ziel gemeinsam war, fehlgeleitete Vermögensverschiebungen wieder auszugleichen. Auch das Gebot des Common Law Procedure Act von 1852, sich von dem Gestrüpp der Fiktionen zu lösen[98], hielt die Gerichte nicht davon ab, einen „contract implied in law" als Basis der mittels indebitatus assumpsit einklagbaren Ansprüche zu betrachten und diese als Anhängsel des Vertragsrechts einzustufen[99].

In neuerer Zeit bahnt sich jedoch ein Wandel an. Eine Reihe einflußreicher Richter, darunter Lord Atkin[100], Lord Wright[101] und Lord Denning[102], haben sich teilweise mit kompromißlosen Worten für die Aufgabe der „implied contract theory" ausgesprochen und so, nach langer Unterbrechung, jene Reformbemühungen wiederaufgenommen, mit denen sich Lord Mansfield[103] im 18. Jahrhundert nicht durchzusetzen vermochte. Der Weg der zukünftigen Entwicklung deutet sich in dem vielbeachteten, von R. Goff und G. Jones unternommenen Versuch an, sämtliche außervertragliche und außerdeliktische Ausgleichsan-

---

[96] Vgl. dazu *Wellmann*, Der Aufwendungsersatz des Geschäftsführers ohne Auftrag in der Rechtsprechung der angloamerikanischen Gerichte 39 ff.
[97] Vgl. oben S. 71.
[98] 15 & 16 Vict. c. 76 sec. 49.
[99] Vgl. insbes. die Leitentscheidung *Sinclair v. Brougham* [1914] A. C. 398 at pp. 410 (415, 417) per Viscount Haldane L. C.; at pp. 451 (452) per Lord Sumner; ferner *Re Diplock* [1948] Ch. 465 at 480 per curiam (C. A.); *Holdsworth*, 55 L. Q. R. (1939) 37, bes. 45 ff., 53.
[100] In *United Australia, Ltd. v. Barclays Bank, Ltd.* [1941] A. C. 1 at pp. 28, 29: „These fantastic resemblances of contracts invented to meet requirements of the law as to forms of action which have now disappeared should not in these days be allowed to affect actual rights. When these ghosts of the past stand in the path of justice clanking their mediaeval chains the proper course for the judge is to pass through them undeterred."
[101] In *Filbrosa Spolka Akcyjna v. Fairbairn Lawson Combe Barbour, Ltd.* [1943] A. C. 32 at pp. 61 (63, 65, 69); ferner in 57 L. Q. R. (1941) 184, 198 ff.
[102] In *Kiriri Cotton Co. v. Dewani* [1960] A. C. 192 at pp. 204.
[103] U. a. in *Moses v. Macferlan* (1760), 2 Burrow 1005 at 1008, 1012; abgedruckt bei *Fifoot* 387 ff.

sprüche (bes. indebitatus assumpsit, equity Rechtsbehelfe für mistake, undue influence, total failure of consideration u. a.), die, bzw. soweit sie, sich auf das Prinzip der ‚ungerechten' (unjust) Bereicherung gründen, einheitlich darzustellen[104] — wenn ihn auch manche vorerst als „no more than a heterogeneous collection of unrelated topics"[105] bezeichnen werden.

2. Auf ähnliche Weise wie die Entwicklung des law of restitution hat die Gegenüberstellung von contract und tort die Geschichte der heute selbständigen Deliktstatbestände deceit und negligence berührt[106]. Der Schaden, den jemand infolge des Bruchs einer berechtigten Erwartung und durch fahrlässiges Verhalten eines anderen erlitt, wurde zu Beginn des 15. Jahrhunderts mittels der action of trespass on the case in assumpsit einklagbar, die sich z. B. gegen den Arzt, der die Behandlung eines in seine Kunstfertigkeit vertrauenden Patienten übernommen, dann aber fahrlässig fehlerhaft ausgeführt hatte, richtete (vgl. oben S. 70). Assumpsit, die spätere vertragliche Musterklage, nahm so die Haftungsgründe deceit und negligence zunächst in sich auf. Erst im 18. Jahrhundert spaltete sich die action of deceit als eigenständige tort action ab[107]. Bis zum Jahre 1931, der epochemachenden Entscheidung Donoghue v. Stevenson[108], sollte es gar dauern, bis die Haftung aus negligence ihre vertraglichen Fesseln endgültig sprengte: unbeachtet des Fehlens von „privity of contract" ermöglichte sie dem Endverbraucher den unmittelbaren Durchgriff auf den sorgfaltswidrig handelnden Hersteller der schadensstiftenden Ware. Die Befreiung von dem Hemmschuh vertraglicher Dogmen löste jenen raschen Aufschwung aus, der negligence auf den Weg nicht nur zu dem heute bedeutsamsten deliktischen Tatbestand, sondern auch zur Beeinflussung der übrigen torts geführt hat[109].

3. Die Verbindung von personal actions mit den Vorstellungen contract und tort hatte drittens zur Folge, daß sich die Regelung des Rechtsschutzes an beweglichen und unbeweglichen Sachen im common law hinsichtlich Klassifikation und inhaltlicher Ausformung in charakteristischer Weise von den entsprechenden Eigentums- und Besitzvorschriften des Bürgerlichen Gesetzbuches abhebt[110].

---

[104] *Goff/Jones*, The Law of Restitution, London 1966.
[105] Ebd. S. 5.
[106] Vgl. dazu *Milsom*, 81 L. Q. R. (1965) 514 ff.
[107] Näher dazu *Fifoot* 126 ff.
[108] [1932] A. C. 562 (H. L.); das kaum weniger berühmte Gegenstück in den Vereinigten Staaten bildet der von dem New York Court of Appeals entschiedene Fall *MacPherson v. Buick Motor Co.*, 217 N. Y. 382, 111 N. E. 1050 (1916), dessen Entscheidung von Lord Atkin in *Donoghue v. Stevenson* auch als Vorbild zitiert wird.
[109] Vgl. zuletzt *Millner*, passim, bes. 1—15, 227—237.
[110] Vgl. *Maitland*, Forms of Action 75; *Lawson*, The Rational Strength of

5. Kap.: Das Ende der Klageeinteilung und das geltende Recht 101

a) Im deutschen Recht greifen, daran sei kurz erinnert, verschiedene Haftungsprinzipien ineinander. Die Ansprüche aus den §§ 985, 1004 und 1005 BGB stützen sich auf das absolute Recht Eigentum, dessen materieller Gehalt im § 903 BGB gesetzlich umrissen ist; gerichtet sind sie auf Beseitigung des objektiven, auch ohne Verschulden des Störers eingetretenen Widerspruchs, der zwischen dem tatsächlichen und dem gemäß § 903 BGB vorgesehenen Zustand besteht.

Ähnlich gründen sich die Rechtsbehelfe eines Besitzers aus den §§ 859—862 und 1007 BGB auf den Gedanken, das inhaltlich im § 858 I BGB beschriebene Recht auf ungestörte Sachherrschaft zu seiner vollen Entfaltung zu verhelfen.

Anders die dritte hier einschlägige Gruppe, die Ansprüche aus Eingriffsbereicherung, z. B. §§ 812 I 1 2. Altern., 816 I und II, 951, ferner[111] u. a. 990 I, 987 I, 988, 993 I 1 BGB. Sie zielen nicht auf die Herstellung einer dem Eigentum bzw. dem Besitzrecht entsprechenden Lage ab, sondern suchen den Widerspruch zum rechtlichen Zuweisungsgehalt des absoluten Rechts, der ihnen als Entstehungsgrund gemeinsam ist, durch eine Leistung aus fremdem Vermögen, nämlich dem des Störers, auszugleichen.

Diese Ausgleichsfunktion teilen die Eingriffskondiktionen mit den Schadensersatzansprüchen aus den §§ 823 ff., 990 I, 989, 987 II, 991 II und 992, i. w. S. auch 687 II[112] BGB, die auf einer durch schuldhaftes und rechtswidriges Tun verursachten Schädigung des Klägers beruhen.

Die Aufgabe der erwähnten Ansprüche aus Eigentum, Besitz, Eingriffsbereicherung und Delikt werden im Recht Englands und der Vereinigten Staaten nun allein — soweit nicht ausnahmsweise ein den Bereichen contract oder restitution zugehöriges Rechtsmittel eingreift[113] — von tort actions wahrgenommen; und zwar schützen die actions of trespass to goods, detinue, conversion und replevin gegen Besitzstörung, -vorenthaltung und -entziehung von beweglichen Sachen (choses in possession), während trespass to land, nuisance und die action for recovery of land (= ejectment) bei Besitzstörung und -entziehung von Liegenschaften (land) eingreifen.

Verglichen mit der unerlaubten Handlung des Bürgerlichen Gesetzbuches ist der Begriff ‚tort' des angloamerikanischen Deliktsrechts folg-

---

English Law 125 ff., 133 ff.; *ders.*, A Common Lawyer Looks at the Civil Law 142 ff. (bes. zum Verhältnis § 1004 BGB — nuisance); *David/Grasmann* 335.

[111] So überzeugend *Dimopoulos-Vosikis* 149 ff., 179 ff. mit Wiedergabe des Meinungsstands.

[112] *Staudinger-Nipperdey*, Vorb. 26 vor §§ 677 ff.

[113] Z. B. wird die Funktion des Anspruchs aus § 816 I 1 BGB durch die quasivertragliche action for money had and received mitausgeübt; vgl. das Beispiel oben S. 92.

lich einerseits weiter gefaßt und andererseits an weniger Voraussetzungen gebunden. Ein tort, nämlich trespass to goods, begeht beispielsweise, wer nach dem Tod eines nahen Verwandten dessen Diamentringe und andere Juwelen vorübergehend an sich nimmt, um sie für den Erben aufzubewahren, selbst wenn er von der irrigen, aber keineswegs aus der Luft gegriffenen Annahme ausgeht, seine Maßnahme sei zur Sicherung des Nachlasses notwendig und geschehe daher im wahren Interesse des Erben[114]. Oder: für das Vorliegen einer conversion kommt es nicht darauf an, ob der Täter bei seiner objektiv in die Besitzrechte des Geschädigten eingreifenden, willentlichen Handlung dessen *Besitzrecht stören wollte*, ja nicht einmal darauf, ob er von dessen Berechtigung überhaupt Kenntnis hatte oder haben mußte. So macht sich ein Versteigerer einer conversion schuldig, wenn er eine gestohlene Sache weiterverkauft, ohne von dem Diebstahl zu wissen[115]. Ebenfalls als converter auf den vollen Sachwert haftete der Beklagte, trotz guten Glaubens, in dem Fall Pease v. Smith[116], weil er Diebesgut, das über einen Zwischenerwerber namens Perry den Weg zu ihm gefunden hatte, an die ebenfalls gutgläubigen Gebrüder Allen weiterveräußerte. Auch die Empfänger, die Gebrüder Allen, waren Deliktstäter (tortfeasors). Mit der action of conversion oder detinue verklagt, hätten sie Schadensersatz leisten bzw. die Sache herausgeben müssen. Ein tort, nämlich nuisance, begeht schließlich, um ein letztes Beispiel anzuführen, der Immissionär, der den Besitzer des Nachbargrundstücks durch übermäßige Geräusche belästigt, ohne weiteren Schaden hervorzurufen. Der Rechtsbehelf des Klägers geht in diesem Fall auf Unterlassung (injunction) oder auf Entschädigung in Geld[117].

Ergänzen wir die Beispiele durch weitergehende abstrakte Feststellungen. Im Falle der Trespassklagen genügt als Haftungsvoraussetzung — ähnlich wie in § 1004 BGB — ein Eingriff in das klägerische Recht; des Nachweises eines darüber hinausgehenden Schadens bedarf es nicht. Hat die Störung allerdings keine schädigende Wirkung ausgelöst, wird der Verletzte nur selten eine Trespassklage wählen, da er nicht Gefahr laufen will, daß die jury seine Rechtsverfolgung als „frivolous" (= mutwillig, mißbräuchlich) wertet, ihm lediglich symbolischen Schadenersatz zuerkennt und ihm trotz seines Obsiegens das Recht abspricht, die Verfahrenskosten dem Gegner anzulasten[118]. Was das

---

[114] *Kirk v. Gregory* (1876), 1 Ex. Div. 55; das Gericht sprach dem klagenden Nachlaßverwalter allerdings lediglich einen symbolischen Schadensersatz von einem Shilling zu.
[115] *Consolidated Co. v. Curtis & Son*, [1892] 1 Q. B. 495 per Collins J.
[116] 61 N. Y. 477 (1875).
[117] Vgl. *Salmond*, Law of Torts 90 f., 768 ff.
[118] *Lawson*, The Rational Strength of English Law 132.

5. Kap.: Das Ende der Klageeinteilung und das geltende Recht 103

Verschulden betrifft, verlangen neben conversion[119] auch detinue, replevin, trespass to land und ejectment lediglich einen natürlichen Handlungswillen (intention) bei der Vornahme der in objektiver Hinsicht eine Beeinträchtigung des Besitzrechts darstellenden Unrechtshandlung, jedoch ist hinsichtlich der Eigenschaft der Handlung, einen Eingriff in das fremde Recht mit sich zu bringen, sowie bezüglich der *Wirkung* der Störung, d. h. bezüglich des als Folge der Rechtsverletzung eintretenden Schadens, weder Fahrlässigkeit noch Vorsatz erforderlich[120]. Das gleiche traf ursprünglich für die actions of trespass to goods und nuisance zu, bei denen der Kläger seinem Gegner jedoch nach heutigen Recht die zumindest fahrlässige Herbeiführung der Rechtsbeeinträchtigung nachweisen muß[121].

b) Neben — und nicht unbeeinflußt von — der unterschiedlichen Klassifizierung der jeweiligen Vermögensschutzregeln ergeben sich inhaltliche Abweichungen.

So war es nach englischem Recht einem Ehemann bis zum Jahre 1962, als der Law Reform (Husband and Wife) Act gesetzliche Abhilfe schuf[122], versagt, seine von ihm getrennt lebende Ehefrau in einem gewöhnlichen Zivilverfahren auf Herausgabe seines von ihr bewohnten Hausgrundstücks zu verklagen. In dem 1942 entschiedenen, seither häufig zitierten Fall *Bramwell v. Bramwell*[123] wies der Court of Appeal ein entsprechendes Begehren des Mannes ab, und zwar mit der Begründung, die action for recovery of land, das moderne Gegenstück der alten Ejectmentklage, gehöre zu den tort actions und falle daher unter das in sec. 12 des Married Women's Property Act von 1882[124] ausgesprochene, grundsätzliche Verbot[125] deliktischer Klagen zwischen

---

[119] Vgl. dazu die oben erwähnten Fälle *Consolidated Co. v. Curtis & Son* und *Pease v. Smith*.

[120] Vgl. *Salmond*, Law of Torts 138 f., 164, 169 f., 67 f., 71.

[121] Vgl. hinsichtlich trespass to goods: *National Coal Board v. J. E. Evans & Co., Ltd.,* [1951] 2 K. B. 861; hinsichtlich nuisance: *Sedleigh-Denfield v. O'Callaghan,* [1940] A. C. 880 at 904 per Lord Wright; aber auch *The Wagon Mound (No. 2) Overseas Tankship (U. K.), Ltd. v. Miller S. S. Co.,* [1966] 2 All E. R. 709 at 716 per Lord Reid; insgesamt *Millner* 180 ff.; 199 ff. (201).

[122] 10 & 11 Eliz. 2 c. 48 sec. 1.

[123] [1942] 1 K. B. 370 at pp. 371, 373 per Goddart L. J. Zustimmend: *Pargeter v. Pargeter* [1946] 1 All. E. R. 570; *Hutchison v. Hutchison* [1947] 2 All E. R. 792 at 793 per Denning J.: „He (the husband) cannot sue her (the wife) for ejectment, or trespass or for any other tort."; *Short v. Short* [1960] 1 W. L. R. 833 at 835 per Hodson L. J.; at 897 per Willmer L. J. (m. w. Nachw.); angezweifelt vom Klägervertreter in *National Provincial Bank, Ltd. v. Ainsworth* [1965] A. C. 1175 at 1285.

[124] 45 & 46 Vict. c. 75; vgl. auch *Law Reform (Married Women and Tortfeasors) Act,* 1935 (25 & 26 Geo. 5 c. 30) sec. 5, Schedule 1, 2.

[125] Ausnahme: Die Ehefrau durfte Klagen aus „proprietary torts" (= das Vermögen betreffende Delikte im Gegensatz zu den personal torts assault, battery, imprisonment etc.) erheben; vgl. sec. 12 des Gesetzes.

Ehegatten[126]. Auch wenn das Gericht sich bei der Einordnung der action of ejectment unter die tort actions primär von prozeßrechtlichen Erwägungen leiten ließ[127], schwächte es jedoch zugleich die Durchschlagskraft des materiellrechtlichen — in vergleichbaren Fällen im deutschen Recht unbeschränkten — Herausgabeanspruchs des Ehemanns in erheblichem Maße ab.

Umgekehrt gewährt das weitgespannte law of tort in einem Fall Rechtshilfe, in dem keiner der spezifischen, an feste Voraussetzungen gebundenen Haftungsgründe des BGB eingreift: von dem gutgläubigen Erwerber und Weiterveräußerer von Diebesgut kann der Bestohlene mit der action of conversion Schadensersatz in Höhe des Sachwertes verlangen, während er nach deutschem Recht leer ausgeht, falls jener den Verkaufserlös für Luxusausgaben verwandt hat oder aus einem anderen Grunde entreichert ist. § 985 BGB erfordert Besitz des Beklagten, § 823 BGB setzt Verschulden voraus, und dem Anspruch aus § 816 I BGB steht der Einwand des § 818 III BGB entgegen.

Schwerer wiegt der Unterschied hinsichtlich des Inhalts des Rechtsschutzersuchens. Während im deutschen Recht die Ansprüche aus Eigentum und Besitz stets, jene aus unerlaubter Handlung und ungerechtfertigter Bereicherung in der Praxis manchmal auf Rückgabe der Streitsache gehen, bildet im Zivilrecht Englands und der Vereinigten Staaten die Verurteilung in Geld ebenso wie im law of contract auch im Bereich des Besitzschutzes beweglicher Sachen nach wie vor die Regel; Restitutionsurteile erlassen die Gerichte nur ausnahmsweise. Der Denkweise des deutschen Eigentümers oder Besitzers, im Falle einer Störung die dem absoluten Recht entsprechende Lage herzustellen[128], steht die Vorstellung des Besitzberechtigten im common law gegenüber, ein Unrecht (tort) erlitten zu haben, das es — und zwar regelmäßig im Wege einer Geldzahlung — wiedergutzumachen gilt. Die Entwicklung läuft jedoch in die Richtung einer Auflockerung des Grundsatzes. Noch zur Zeit Blackstones vermochte der in einer personal action, gleich ob debt, assumpsit, trespass, case, detinue oder trover, obsiegende Kläger in keinem Fall die Herausgabe der Sache durchzusetzen. Sec. 78 des Common Law Procedure Act von 1854[129] aber

---

[126] Vgl. auch *Kahn-Freund*, 22 Modern L. R. (1959) 241, 260 f.

[127] Unbenommen blieb dem Ehemann nämlich — und diesen Weg wollte der Court of Appeal beschritten sehen —, statt der Ejectmentklage ein beschleunigtes, dem erstinstanzlichen Richter für die Auswahl der geeigneten Anordnungen einen weiten Ermessensspielraum einräumendes Sonderverfahren (sog. summery proceedings) nach sec. 17 des genannten Gesetzes einzuleiten, das im (seltenen) Einzelfall auch zu einem Räumungsurteil führen konnte.

[128] Vgl. oben S. 101.

[129] 17 & 18 Vict. c. 125.

ermächtigte den Richter, nach freiem Ermessen in einer action of detinue Herausgabe in specie anzuordnen, wenn es unbillig wäre, dem Beklagten die Option einzuräumen, den Geldwert des Gutes zu ersetzen — action of detinue und Vindikationsklage stehen hier in ihren Wirkungen gleich. Macht das Gericht von dieser Möglichkeit Gebrauch und kommt der Beklagte dem Restitutionsbefehl nicht nach, folgt gemäß Order 48 der Rules of the Supreme Court die richterliche Anordnung der Beschlagnahme (attachment) der Sache auf dem Fuße nach. Auf den Einwand des gutgläubigen Erwerbs kann der Beklagte sich nur in wenigen Situationen berufen[130]. — Außer dem Fall der action of detinue gibt es weitere Beispiele, in denen Gesetze Naturalrestitution beweglicher Sachen vorschreiben. Nach dem Larceny Act von 1916[131], sec. 45, dem Police (Property) Act von 1897[132], sec. 1 und dem Magistrates' Courts Act von 1952[133], sec. 33 ist jeweils Diebes- und durch andere Straftaten dem Eigentümer abhandengekommenes Gut nach der strafrechtlichen Verurteilung des Deliquenten dem Berechtigten auszuhändigen. Erwähnung verdient schließlich in diesem Zusammenhang auch das uns bereits oben S. 104 begegnete beschleunigte Verfahren gemäß sec. 17 des Married Women's Property Act von 1882, das bei einem Streit um bewegliches Gut, z. B. Haushaltsgegenstände oder Möbel, häufig in einem Herausgabeurteil enden kann.

V. Die Nachwirkungen der historischen Einteilung der Klageformeln des common law in real und personal actions lassen sich demnach wie folgt zusammenfassen:

(1) Auf die Klassifikation der Klagen geht der Name und z. T. die Ausformung — wenn auch nicht der Ursprung und tiefere Grund — der noch heute im angloamerikanischen Sachenrecht grundlegenden Einteilung der Vermögensrechte in real und personal property zurück.

(2) In mehrfacher Beziehung hat sich die Verknüpfung der in Gestalt vorprozessualer ‚causes of action' weiterlebenden personal actions mit den Vorstellungen contract oder tort ausgewirkt. Sie hat, erstens, die Loslösung der beiden, ihrer Natur nach deliktischen Haftungsgründe deceit und negligence von dem Gebiet contract, in welches sie seit dem Aufkommen der Assumpsitklage eingegliedert waren, lange Zeit aufgehalten. Sie hat ferner, in England, bis zum heutigen Tage die Herausbildung eines eigenständigen, unabhängig neben die Bereiche contract und tort tretenden ‚law of unjust enrichment' gehemmt. Schließlich

---
[130] Vgl. *Sale of Goods Act*, 1893 (56 & 57 Vict. c. 71) ss. 21—25; *Hire Purchase Act* 1964 (1964 c. 53) sec. 27; vgl. auch *Goff/Jones* 500 ff.
[131] 6 & 7 Geo. 5 c. 50.
[132] 60 & 61 Vict. c. 30.
[133] 15 & 16 Geo. 6 & 1 Eliz. 2 c. 55.

hat sie dazu beigetragen, daß sich die Regeln über den Rechtsschutz beweglicher und unbeweglicher Sachen vor allem in Hinblick auf die Klassifikation, aber auch hinsichtlich der inhaltlichen Ausgestaltung in auffallender Weise von den vergleichbaren deutschen Eigentums- und Besitzschutzvorschriften unterscheiden.

Literaturverzeichnis

A. Historische Quellen

Azo, Summa: Lyon 1537

Bracton, Henricus de: De Legibus et Consuetudinibus Angliae Libri Quinque; ed. by Sir Travers Twiss (Rolls Series), 6 vol. (mit englischer Übersetzung), London 1878—83, reprint 1964; by George E. Woodbine, 4 vol., New Haven/London/Oxford 1915—1942

Bracton's Note Book: A Collection of Cases decided in the King's Courts during the Reign of Henry the Third, ed. by F. W. Maitland, 3 vol., London 1887

Britton, John: On the Laws of England, ed. by F. M. Nichols, 2 vol., Oxford 1865

Codex Theodosianus: ed. Th. Mommsen, Berlin 1905

Coke, Edward: The First Part of the Institutes of the Laws of England; or: A Commentary upon Littleton, ed. by Francis Hargrave and Charles Butler, 2 vol., 17th ed. London 1817

Corpus iuris civilis: vol. I, edd. P. Krüger - Th. Mommsen, 17. Aufl. Berlin 1963; vol. II, ed. Paul Krüger, 11. Aufl. Berlin 1954; vol. III, edd. R. Schoell - G. Kroll, 6. Aufl. Berlin 1954

Fet Asaver: ed. and commentated by G. E. Woodbine, in Four Thirteenth Century Law Tracts, New Haven/London/Oxford 1910

Fitz-Herbert, Anthony: The New Natura Brevium, 9th ed. commentated by Lord Chief Justice Hale, Dublin 1793

Fleta: vol. II: Prologue, Book I, Book II, ed. and translated by H. G. Richardson and G. O. Sayles, London 1955

Gai institutionum commentaria: IV, edd. E. Seckel et B. Kuebler, 6. Aufl. Leipzig 1906

Glanvilla, Ranulphus De: The Treatise on the Laws and Customs of the Realm of England commonly called Glanvill; ed. and translated by G. D. G. Hall, London 1965

De Hengham, Ranulphi: Summae, ed. by William H. Dunham, Cambridge 1932

Interpretatio zu PS: edd. M. Kaser - Fr. Schwarz, Köln/Graz 1956

Lenel, Otto: Das Edictum perpetuum, 3. Aufl. Leipzig 1927

Lex Rubria de Gallia Cisalpina: in C. G. Bruns, Fontes iuris Romani antiqui, septimum ed. O. Gradenwitz, Tübingen 1909, Nr. 16, S. 97 ff.

Littleton, Sir Thomas: The Tenures, ed. in English by E. Wambaugh, Washington 1903

Modus Componendi Brevia: ed. and commentated by G. E. Woodbine, in Four Thirteenth Century Law Tracts, New Haven/London/Oxford 1910

Pauli sententiae ad filium libri quinque: in Ph. E. Huschke, Iurisprudentiae anteiustinianae reliquias, 6. Aufl. E. Seckel - B. Kübler, vol. II 1, S. 1 ff., Leipzig 1911

Zulueta, F. de: The Liber Pauperum of Vacarius (Publications of the Selden Society 44), London 1927

B. Neueres Schrifttum (seit Blackstone)

American Jurisprudence: ed. by W. A. Estrich - G. S. Gulicke - W. M. McKinney, vol. I San Francisco/Rochester 1936

Ames, James Barr: Lectures on Legal History and Miscellaneous Legal Essays, Cambridge, Mass. 1913

— The Disseisin of Chattels, in 3 Harv. L. R. (1889/90) 23—40; 313—328; 337—346; abgedruckt in Select Essays in Anglo-American Legal History III 541—590, Boston 1909

Austin, John: Lectures on Jurisprudence or the Philosophy of Positive Law, 5th rev. ed. by R. Campbell, 2 vol., London 1911

Beale, Joseph Henry: A Treatise on the Conflict of Laws, 3 vol., New York 1935

Bekker, Ernst Immanuel: Die Aktionen des römischen Privatrechts, 2 Bde., Berlin 1871—73

Binder, Julius: Prozeß und Recht. Ein Beitrag zur Lehre vom Rechtsschutzanspruch, Leipzig 1927

Blackstone, William: Commentaries on the Laws of England, 13th ed. by Edw. Christian, London 1800

de Boor, Hans Otto: Gerichtsschutz und Rechtssystem. Ein Beitrag zum Kampf gegen das aktionenrechtliche Denken, Leipzig 1941

Bordwell, Percy: Property in Chattels, in 29 Harv. L. R. (1915/16) 374—394; 501—520; 731—751

Bordwell: The Common Law Scheme of Estates Revisited, in 50 Iowa L. R. (1965) 677 ff.

Brunner, Heinrich: Die Entstehung der Schwurgerichte, Berlin 1872

— Geschichte der englischen Rechtsquellen im Grundriß, Leipzig 1909

— Abhandlungen zur Rechtsgeschichte, Bd. II, herausgegeben von K. Rauch, Weimar 1931

Bucher, Eugen: Das Subjektive Recht als Normsetzungsbefugnis, Tübingen 1965

Buckland, William Warwick: Some Reflections in Jurisprudence, Cambridge 1945

— A Textbook of Roman Law from Augustus to Justinian, 3rd ed. revised by P. Stein, Cambridge 1963

— The Nature of Contractual Obligation, in 8 Cambridge L. J. (1942—44) 247—251

— The Interpretationes to Pauli Sententiae and the Codex Theodosianus, in 60 L. Q. R. (1944) 361—365

Buckland, William Warwick / *McNair,* Arnold D.: Roman Law and Common Law, 2nd ed. revised by F. H. Lawson, Cambridge 1965

van Caenegem, R. C.: Royal Writs in England from the Conquest to Glanvill. Studies in the Early History of Common Law (Selden Society Publications 77), London 1959

Carter, Albert Thomas: A History of the English Courts, 7th ed. London 1944, 5th print 1953

Cartwright, Hilary: The Law of Obligations in England and Germany, in 13 Int. & Comp. L. Q. (1964) 1316—1348

Challis, Henry William: Are Leaseholds Tenements?, in 6 L. Q. R. (1890) 69—71

Cheshire, Geoffrey Chevalier: Private International Law, 7th ed. London 1965

— The Modern Law of Real Property, 10th ed. revised by J. D. Davies, London 1967

Coing, Helmut / *Lawson,* Frederick H. / *Grönfors,* Kurt: Das subjektive Recht und der Rechtsschutz der Persönlichkeit (Arbeiten zur Rechtsvergleichung 5), Frankfurt/Berlin 1959

von Conrad, Gunter: Die Ersitzung im Liegenschaftsrecht der USA, Diss. Köln 1963

Curzon, Leslie Basil: English Legal History, London 1968

Czirnich, Peter: Die Stellung des „Executor" im englischen Recht, Diss. München 1962

David, René / *Grasmann,* Günther: Einführung in die großen Rechtssysteme der Gegenwart, München/Berlin 1966

Deiser, George F.: The Origin of Assumpsit, in 25 Harv. L. R. (1911/12) 428—442

Dicey and Morris: On the Conflicts of Laws, 8th ed. by J. H. C. Morris with specialist editors, London 1967

Digby, Kenelm E.: An Introduction to the History of the Law of Real Property, 3rd ed. Oxford 1884

Dimopoulos-Vosikis, Haralambos: Die bereicherungs- und deliktsrechtlichen Elemente der §§ 987—1003 BGB, Köln/Berlin 1966

Dix, Elisabeth Jean: The Origin of the Action of Trespass, in 46 Harv. L. R. (1936/37) 1142—1176

Ehrenzweig, Albert A.: A Treatise on the Conflict of Laws, St. Paul, Minn. 1962

Erler, Adalbert / *Kaufmann,* Ekkehard: Handwörterbuch zur deutschen Rechtsgeschichte Bd. I Berlin 1964—1967

Esser, Josef: Grundsatz und Norm in der richterlichen Fortbildung des Privatrechts, 2. Aufl. Tübingen 1964

Evershed, Sir Raymond: The Influence of Remedies on Rights, in 6 Current Legal Problems (1953) 1—21

Falconbridge, John Delatre: Essays on the Conflict of Laws, 2nd ed. Toronto 1954

Ferid, Murad / *Firsching*, Karl: Internationales Erbrecht, Bd. III München/ Berlin 1963

Fifoot, Cecil Herbert Stuart: History and Sources of the Common Law. Tort and Contract, London 1949 (3rd impr. 1963)

Gaudemet, J.: Survivances romaines dans le droit de la monarchie franque du Vème au Xème siècle, in Tijdschrift voor Rechtsgeschiedenis 23 (1955) 149—206

Gilmore, Grant / *Black*, Charles Lund: The Law of Admiralty, Brooklyn 1957

Goff, Robert / *Jones*, Gareth: The Law of Restitution, London 1966

Goldschmidt, Hans: Real Property, bei Heinsheimer II, S. 319—375

Graveson, Ronald Harry: Status in the Common Law, London 1953

— The Conflict of Laws, 5th ed. London 1965

Güterbock, Carl: Henricus de Bracton und sein Verhältnis zum Römischen Recht, Berlin 1862

Halsbury, Earl of: The Laws of England, 3rd ed. under the general editorship of Lord Simonds, London 1952

Hall, George D. G.: Some Early Writs of „Trespass", in 73 L. Q. R. (1957) 65—73

Hand, Learned: The Spirit of Liberty, 2nd ed. New York 1953

Hazeltine, Harold Dexter: Vacarius as Glossator and Teacher, in 44 L. Q. R. (1928) 344—352

Heinsheimer, Karl: Die Zivilgesetze der Gegenwart, begründet von K. Heinsheimer, Bd. II: Das Zivilrecht Englands, Mannheim/Berlin/Leipzig 1931

Hepburn, Charles McGuffey: The Historical Development of Code Pleading in America and England, in Select Essays in Anglo-American Legal History II 643—690, Boston 1909

Heusler, Andreas: Institutionen des Deutschen Privatrechts, 2 Bde., Leipzig 1885/86

Heymann, Ernst: Überblick über das englische Privatrecht, in Fr. von Holtzendorff / Kohler, Enzyklopädie der Rechtswissenschaft Bd. II, 7. Aufl. München/Leipzig/Berlin 1914, S. 281—353

Hohfeld, Wesley Newcomb: Fundamental Legal Conceptions as Applied in Judicial Reasoning, ed. by W. W. Cook, with a new foreword by A. L. Corbin, New Haven/London 1964

Holdsworth, Sir William Searle: A History of English Law, vol. I 7th rev. ed. by S. B. Chrimes, vol. II 4th ed., vol III 5th ed., vol. IV, V 3rd ed., vol. VII, VIII 2nd ed., vol. IX 3rd ed., all repr. 1966; vol. XV 1965

— Sources and Literature of English Law, Oxford 1925, reprint 1952

— Some Makers of English Law, Cambridge 1938

— Unjustifiable Enrichment, in 55 L. Q. R. (1939) 37—53

Hollond, Henry Arthur: New Lights on Writs and Bills, and on the Influence of Roman Law in England in the Twelfth and Thirteenth Centuries, in 8 Cambridge L. J. (1942—44) 252—264

Holmes, Oliver Wendell: The Common Law, zuerst 1881; zitiert nach der Ausgabe von M. DeW. Howe, Boston/Toronto 1963

Honoré, Anthony Maurice: Ownership, in Oxford Essays in Jurisprudence, ed. by A. G. Guest, Oxford 1961, pp. 107—147

Hubert, Léon Dayries: A Louisiana Anomaly — The „Writ" System in Real Actions, in 22 Tulane L. R. (1947/48) 459—470

Jackson, Richard M.: The Scope of the Term ‚Contract', in 53 L. Q. R. (1937) 525—536

James, Philip S.: Introduction to English Law, 6th ed. London 1966

Kahn-Freund, Otto: Matrimonial Property — Some Recent Developments, in 22 Modern L. R. (1959) 241—272

Kantorowicz, Herrmann U.: Bractonian Problems (Glasgow University Publications 56), Glasgow 1941

— Kritische Studien, in SZ 49 (1929) 55—114

Kaser, Max: Das Römische Privatrecht, 2 Bde., München 1955/1959

— Das Römische Zivilprozeßrecht, München 1966

— Buchbesprechung: Gennaro Franciosi, Il processo di libertà in diritto romano, Neapel 1961, in SZ 79 (1962) 391—398

Kaufmann, Horst: ‚Causa debendi' und ‚causa petendi' bei Glanvill sowie im Römischen und Kanonischen Recht seiner Zeit, in Traditio 17 (1961) 107—162

— Zur Geschichte des aktionenrechtlichen Denkens, in JZ 1964, 482—489

Keeton, George W.: The Norman Conquest and the Common Law, London/ New York 1966

Keller, Friedrich Ludwig von: Der Römische Civilprozeß und die Aktionen, 6. Ausgabe besorgt von Adolf Wach, Leipzig 1883

Kielwein, Gerhard: Die Straftaten gegen das Vermögen im Englischen Recht, Bonn 1955

Kiralfy, Albert K. R.: The Action on the Case, London 1951

— The English Legal System, 4th ed. London 1967

Kohlmann, Richard: Pfandrechte (Mortgages and pledges), bei Heinsheimer II, S. 498—544

Koschaker, Paul: Europa und das Römische Recht, 4. Aufl. München/Berlin 1966

Kraft, Viktor: Erkenntnislehre, Wien 1960

Krause, Walter Erich: Die Haftung des Besitzers nach den §§ 989—993 BGB, Berlin 1966

Kunkel, Wolfgang: Untersuchungen zur Entwicklung des römischen Kriminalverfahrens in vorsullanischer Zeit (Abhandlungen der Bayerischen Akademie der Wissenschaften, Neue Folge Heft 56), München 1962

Landon, Philip A.: The Action on the Case and the Statute of Westminster II, in 52 L. Q. R. (1936) 68—78

Lawson, Frederick Henry: The Rational Strength of English Law, London 1951

— A Common Lawyer Looks at the Civil Law (T. M. Cooley Lectures 5th Series), Ann Arbor 1953

— Introduction into the Law of Property, Oxford 1958

Lawson, Frederick H.: Das subjektive Recht im englischen Deliktsrecht (Law of torts), in Coing / Lawson / Grönfors, Frankfurt/Berlin 1959, S. 24—38

Leake, Stephen M.: Law of Property in Land, 1874

Levy, Ernst: Die Konkurrenz der Aktionen und Personen im Klassischen Römischen Recht, 1. Bd. Berlin 1918

— West Roman Vulgar Law. The Law of Property, Philadelphia 1951; zitiert: Levy, Property

— Weströmisches Vulgarrecht: Das Obligationenrecht, Weimar 1956; zitiert: Levy, Obligationenrecht

— West-östliches Vulgarrecht und Justinian, in SZ 76 (1959) 1—36

Lévy-Ullmann, Henri: Eléments d'Introduction générale à l'étude des sciences juridiques, II: Le système juridique de l'Angleterre, Paris 1928

des Longrais, F. Joüon: La Conception anglaise de la saisine du XIIe au XIVe siècle, Paris 1924

Maine, Sir Henry Sumner: Dissertations on Early Law and Customs, London 1901

Maitland, Frederic William: Select Passages from the Works of Bracton and Azo (Selden Society Publications 8), London 1895

— The Forms of Action at Common Law, ed. by A. H. Chaytor and W. J. Whittaker, Cambridge 1936, reprint 1965

— Historical Note on the Classification of the Forms of Personal Actions, Appendix A to Pollock's Law of Torts, pp. 436—442

— The History of the Register of Original Writs, in 3 Harv. L. R. (1889/90) 97—115; 167—179; 212—225; abgedruckt in Select Essays in Anglo-American Legal History II 549—596, Boston 1909

Markby, Sir William: Elements of Law, 4th ed. Oxford 1889

Marsh, Norman D.: Unerlaubte Handlungen im Englischen Recht, in RabelsZ 20 (1955) 643—661

McGuffie, Kenneth C. / *Fugeman*, P. A. / *Gray*, P. V.: Admiralty Practice (British Shipping Laws, vol. 1), London 1964

Megarry, Robert Edgar / *Wade*, Henry William Rawson: The Law of Real Property, 3rd ed., London 1966

Millar, Robert Wyness: Civil Procedure of the Trial Court in Historical Perspective, New York 1952

— The Old Régime and the New in Civil Procedure, in 14 New York Univ. L. Q. R. (1936/37) 1—27; 197—226

Millner, M. A.: Negligence in Modern Law, London 1967

Milsom, Stroud Francis Ch.: Not Doing is no Trespass, in Cambridge L. J. (1954) 105—117

— Formedon before de Donis, in 72 L. Q. R. (1956) 391—397

— Trespass from Henry III to Edward III, in 74 L. Q. R. (1958) 195—224; 407—436; 561—590

— Reason in the Development of the Common Law, in 81 L. Q. R. (1965), 496—517

Mitteis, Heinrich: Deutsche Rechtsgeschichte, neubearb. von Heinz Lieberich, 11. Aufl. München/Berlin 1969

Niederländer, Hubert: Materielles Recht und Verfahrensrecht im Internationalen Privatrecht, in RabelsZ 20 (1955) 1—51

Palandt, Otto (Bearb.): Bürgerliches Gesetzbuch mit Einführungsgesetz, Verschollenheitsgesetz, Abzahlungsgesetz, Wohnungseigentumsgesetz, Ehegesetz, Jugendwohlfahrtsgesetz, Truppenschäden-Regelung, 28. Aufl., München 1969

Parker, Reginald: Das Privatrecht der Vereinigten Staaten von Amerika, Wien 1960

Paton, Sir George Whitecross: Jurisprudence, 3rd ed. by D. P. Derham, Oxford 1964

Peter, Hans: Actio und Writ, Tübingen 1957

— Buchbesprechung: H. G. Richardson, Bracton. The Problem of his Text, London 1965, in ZRG 83 Germ. Abt. (1966) 402—405

— Römisches Recht und Englisches Recht (Sitzungsberichte der Wissenschaftlichen Gesellschaft an der Johann Wolfgang Goethe-Universität Frankfurt a. M., Bd. 7, Jahrgang 1968, Nr. 3) Wiesbaden 1969

Peterson, Courtland H.: Die Anerkennung ausländischer Urteile im amerikanischen Recht (Arbeiten zur Rechtsvergleichung 18), Frankfurt a. M./Berlin 1964

Phillips, Owen Hood: A First Book of English Law, 5th ed. London 1965

Plucknett, Theodore F. T.: A Concise History of the Common Law, 5th ed. London 1956

— Early English Legal Literature, Cambridge 1958

— Case and the Statute of Westminster II, in 31 Columbia L. R. (1931) 778—799

— The Relations between Roman Law and Early Common Law down to the Sixteenth Century: a General Survey, in 3 Toronto L. J. (1939/40) 24—50

Pollock, Sir Frederick: The Law of Torts, 15th ed. by P. A. Landon, London 1951

Pollock, Sir Frederick / *Maitland*, Frederic William: The History of English Law before the Time of Edward I, 2 vol., 2nd ed. Cambridge 1898, repr. 1911, 1923, 1953, reiss. 1968 by S. F. C. Milsom

Post, Gaines: Studies in Medieval Legal Thought, Princeton 1964

Potter, Harold: Historical Introduction to English Law and its Institutions, 4th ed. by A. K. R. Kiralfy, London 1958, 2nd print 1963

Pound, Roscoe: Jurisprudence, vol. IV, V, St. Paul, Minn. 1959

Pringsheim, Fritz: Succession, bei Heinsheimer II, S. 627—711

Rabel, Ernst: The Conflict of Laws. A Comparative Study, vol. IV Ann Arbor 1958

Richardson, Henry Gerald: Bracton. The Problem of his Text (Selden Society Supplementary Series 2), London 1965

— Azo, Drogheda and Bracton, in 59 English Historical Review (1944) 22—47

— Tancred, Raymond and Bracton, in 59 English Historical Review (1944) 376—84

— Studies in Bracton, in Traditio VI (1948) 61—104

Richardson, Henry Gerald / *Sayles*, George Osborne: Select Cases of Procedure without Writ under Henry III (Selden Society Publications 60), London 1940

Riese, Otto: Die Haager Konferenz über die internationale Vereinheitlichung des Kaufrechts vom 2. bis 25. April 1964 — Verlauf der Konferenz und Ergebnisse hinsichtlich der materiellen Vereinheitlichung des Kaufrechts, in RabelsZ 29 (1965) 1—100

Rothoeft, Dietrich R.: Zur Rückabwicklung des Schuldverhältnisses im Englischen Recht (nach Common Law), Diss. Mainz 1957

Salmond, Sir John W.: Jurisprudence, 11th ed. by Glanville Williams, London 1957

— On the Law of Torts, 14th ed. by R. F. V. Heuston, London 1965

— The History of Contract, in 3 L. Q. R. (1887) 166—179; abgedruckt in Select Essays in Anglo-American Legal History III 320—338, Boston 1909

— Observations on Trover and Conversion, in 21 L. Q. R. (1905) 43—54

Savigny, Friedrich Carl von: System des Heutigen Römischen Rechts, Bd. V Berlin 1841

Schirrmeister, Gustav: Das Bürgerliche Recht Englands, Bd. I Berlin 1906

Schulz, Fritz: Classical Roman Law, Oxford 1951

— The Writ „praecipe quod reddat" and its Continental Models, in Juridical Review 54 (1942), 1—20

— Critical Studies on Bracton's Treatise, in 59 L. Q. R. (1943) 172—80

— A New Approach to Bracton, in Seminar II (1944) 41—50

— Bracton as a Computist, in Traditio III (1945) 265—305

— Bracton and Raymond de Pennafort, in 61 L. Q. R. (1945) 286—292

Schwarz, Andreas B.: Das englische Recht und seine Quellen, bei Heinsheimer II, S. 1—100

Scrutton, Thomas Edward: Roman Law in Bracton, in 1 L. Q. R. (1885) 425—442

Senior, William: Roman Law in England before Vacarius, in 46 L. Q. R. (1930) 191—206

— Roman Law MSS. in England, in 47 L. Q. R. (1931) 337—344

Siber, Heinrich: Römisches Recht, 2. Bd. Berlin 1925

Simpson, Alfred William Brian: An Introduction to the History of Land Law, Oxford 1961

— The Introduction of the Action on the Case for Conversion, in 75 L. Q. R. (1959) 364—380

Staudinger / Nipperdey: Kommentar zum Bürgerlichen Gesetzbuch, Bd. II Teil 3: §§ 611—704, 11. Aufl. Berlin 1958

Steinwenter, Arthur: Studien zum Römischen Versäumnisverfahren, München 1914

Stimson, Edward S.: Conflict of Laws, Buffalo/N. Y. 1963

Stone, Gilbert: Concerning the Action of Debt at the Time of the Year Books, in 36 L. Q. R. (1920) 61—76

Sutherland, Donald W.: Mesne Process upon Personal Actions in the Early Common Law, in 82 L. Q. R. (1966) 482—496

Sutton, Ralph: Personal Actions at Common Law, London 1929

Szakats, Alexander: The Influence of Common Law Principles in the Uniform Law on the International Sale of Goods, in 15 Int. & Comp. L. Q. (1966) 749—779

Tiffany, Herbert Th.: The Modern Law of Real Property, vol. I 3rd ed. by Basil Jones, Chicago 1939

Triantaphillopoulos, Jean: Praeiudicium, in Labeo 8 (1962) 73—97; 220—240

Vance, William R.: The Quest for Tenures in the United States, in 33 Yale L. J. (1923/24) 248—271

Vinogradoff, Paul: Roman Law in Medieval Europe, 3rd ed. Oxford/Hildesheim 1961

— Zur Geschichte der Englischen Klassifikation der Vermögensarten, in Festschrift für Heinrich Brunner, Weimar 1910, S. 573—77

— The Roman Element in Bracton's Treatise, in 32 Yale L. J. (1922/23) 751—756

Wagner, Wienczyslaw J.: Codification of Law in Europe and the Codification Movement in the Middle of the Nineteenth Century in the United States, in 2 St. Louis Univ. L. J. (1953) 335—359

Webb, P. R. H. / *Brownlie*, Ian: Survival of Actions in Tort and the Conflict of Laws, in 14 Intern. & Comp. L. Q. (1965) 1—30

Weissenstein, Robert F.: Anglo-amerikanisches Rechtswörterbuch I, Zürich 1950

Wellmann, Richard: Der Aufwendungsersatz des Geschäftsführers ohne Auftrag in der Rechtsprechung der anglo-amerikanischen Gerichte, Diss. Berlin 1958

Wenger, Leopold: Institutionen des Römischen Zivilprozeßrechts, München 1925

Wieacker, Franz: Privatrechtsgeschichte der Neuzeit, 2. Aufl. Göttingen 1967

Wigmore, John H.: Lanfranc, the Prime Minister of William the Conqueror: Was he once an Italian Professor of Law?, in 58 L. Q. R. (1942) 61—81

Williams, Glanville: Some Reforms in the Law of Tort, in 24 Modern L. R. (1961) 101—115

Williams, T. Cyprian: The Terms Real and Personal in English Law, in 4 L. Q. R. (1888) 394—408

Winfield, Percy H.: The Chief Sources of English Legal History, Cambridge, Mass. 1925

— Death as Affecting Liability in Tort, in 29 Columbia L. R. (1929) 239—254

Windscheid, Bernhard: Die Actio des Römischen Civilrechts, Düsseldorf 1856

Windscheid, Bernhard / *Kipp*, Theodor: Lehrbuch der Pandekten, 9. Aufl. Frankfurt a. M. 1906

Wlassak, Moritz: Der Ursprung der römischen Einrede, Sonderdruck aus der Festgabe der Zeitschrift für Notariat und freiwillige Gerichtsbarkeit in Österreich für L. Pfaff, Wien 1910

— Der Gerichtsmagistrat im Gesetzlichen Spruchverfahren, in SZ 25 (1904) 81—188

— Praescriptio und Bedingter Prozeß, in SZ 33 (1912) 81—159

Wlassak, Moritz: Die Aquilianische Stipulation, in SZ 42 (1921) 394—451

Wolff, Martin: Private International Law, 2nd ed. Oxford 1950

Woodbine, George E.: Four Thirteenth Century Law Tracts, ed. G. E. Woodbine, New Haven 1910

— The Roman Element in Bracton's De Aquirendo Rerum Dominio, in 31 Yale L. J. (1921/22) 827—847

— Buchbesprechung: H. U. Kantorowicz, Bractonian Problems, Glasgow 1941, in 52 Yale L. J. (1942/43) 428—444

Wright, Cecil A.: Introduction to the Law of Torts, in 8 Cambridge L. J. (1942—44) 238—246

Wright, Rt. Hon. Lord: United Australia, Ltd. v. Barclays Bank, Ltd., in 57 L. Q. R. (1941) 184—202

Zamir, Itzhak: The Declaratory Judgment, London 1962

Verzeichnis der Entscheidungen

Aleway v. Roberts (1660), 1 Keble 65
Ashby v. White (1703), 2 Ld. Raym. 938
Bramwell v. Bramwell, [1942] 1 K. B. 370; 58 T. L. R. 148; [1942] 1 All E. R. 137; (C. A.)
Consolidated Co. v. Curtis & Son, [1892] 1 Q. B. 495
Donoghue v. Stevenson, [1932] A. C. 562; [1932] All E. R. Rep. 1; 48 T. L. R. 494; (H. L.)
Esso Petroleum Co., Ltd. v. Southport Corp., [1956] A. C. 218; [1955] 3 All E. R. 864; [1956] 2 W. L. R. 81; (H. L.)
Fibrosa Spolka Akcyjna v. Fairbairn Lawson Combe Barbour, Ltd., [1943] A. C. 32; [1942] 2 All E. R. 122; 58 T. L. R. 308; (H. L.)
Hutchison v. Hutchison, [1947] 2 All E. R. 792; 63 T. L. R. 645; (K. B.)
Kiriri Cotton Co. v. Ranchhoddas Keshavji Dewani, [1960] A. C. 192; [1960] 2 W. L. R. 127; [1960] 1 All E. R. 177; (P. C.)
Kirk, Executor, & C. v. Gregory and Wife (1876) 1 Ex. Div. 55
LeMason v. Dixon (1627), W. Jones, 173
Letang v. Cooper, [1965] 1 Q. B. 232; [1964] 2 All E. R. 929; [1964] 3 W. L. R. 573; (C. A.)
MacPherson v. Buick Motor Co., 217 N. Y. 382, 111 N. E. 1050 (1916)
Moses v. Macferlan (1760), 2 Burrow 1005
National Coal Board v. J. E. Evans & Co. (Cardiff), Ltd., [1951] 2 K. B. 861; [1951] 2 All E. R. 310; [1951] 2 T. L. R. 415; (C. A.)
National Provincial Bank Ltd. v. Ainsworth, [1965] A. C. 1175; [1965] 2 All E. R. 472; (H. L.)
Pargeter v. Pargeter, [1946] 1 All E. R. 570; (C. A.)
Pease v. Smith, 61 N. Y. 477 (1875)
Re Diplock, Diplock v. Wintle, [1948] Ch. 465; [1948] 2 All E. R. 318; (C. A.)
Re Berchthold, [1923] 1 Ch. 192
Sedleigh-Denfield v. O'Callaghan, [1940] A. C. 880; [1940] 3 All E. R. 349; 56 T. L. R. 887; (H. L.)
Short v. Short, [1960] 1 W. L. R. 833; (C. A.)
Sinclair v. Brougham, [1914] A. C. 398; 30 T. L. R. 315; (H. L.)
Slade's Case (1602), 4 Coke Rep. 91 a
United Australia, Ltd. v. Barclays Bank, Ltd., [1941] A. C. 1; 57 T. L. R. 13; [1940] 4 All E. R. 20; (H. L.)
Wagon Mound (No. 2), The Overseas Tankship (U. K.), Ltd. v. Miller S. S. Co. Pty., Ltd., [1966] 2 All E. R. 709; [1966] 3 W. L. R. 498; (P. C.)
Year Book 19 Henry VI, 65 Pascha plea 5
Year Book 36 Henry VI, plea 21

Printed by Libri Plureos GmbH
in Hamburg, Germany